文章例话

叶圣陶 著

语文大师叶圣陶亲自点评
教你辨别好文章

民主与建设出版社
·北京·

ⓒ 民主与建设出版社，2024

图书在版编目（CIP）数据

文章例话 / 叶圣陶著. -- 北京：民主与建设出版社, 2024. 12. -- ISBN 978-7-5139-4794-7

Ⅰ．H15

中国国家版本馆 CIP 数据核字第 2024KQ5586 号

文章例话
WENZHANG LIHUA

著　　者	叶圣陶
责任编辑	彭　现
封面设计	郭　丽
出版发行	民主与建设出版社有限责任公司
电　　话	（010）59417749　59419778
社　　址	北京市朝阳区宏泰东街远洋万和南区伍号公馆4层
邮　　编	100102
印　　刷	三河市兴博印务有限公司
版　　次	2024年12月第1版
印　　次	2025年3月第1次印刷
开　　本	880毫米×1230毫米　1/32
印　　张	6.5
字　　数	110千字
书　　号	ISBN 978-7-5139-4794-7
定　　价	45.00元

注：如有印、装质量问题，请与出版社联系。

序

今年《新少年》杂志创刊，朋友说其中应该有这么一栏，选一些好的文章给少年们读读。这件事由我担任下来，按期选一篇文章，我在后边说些话，栏名叫作"文章展览"。现在汇编成这本小书，才取了《文章例话》的名称。为了切近少年的意趣和观感，我只选现代人的文章。这许多文章中间有些是文艺作品，但是我也把它们看作普通文章，就普通文章的道理跟读者谈谈。——以上是声明的话。

现在我要告诉读者，文章不是吃饱了饭没事做，写来作为消遣的；也不是恐怕被人家认作呆子痴汉，不得不找几句话来说说，然后勉勉强强动笔的。凡是好的文章，必然有不得不写的缘故。自己有一种经验，一个意思，觉得它跟寻常的经验和意思有些不同，或者比较新鲜，或者特别深切，值得写下来作为个人生活的记录，将来需用的时候还可以供查考：为了这个缘故，作者才提起笔来写文章。否则就是自己心目中有少数或多数的人，由于彼此之间的关系，必须把经验和意思向他们倾诉：为了这个缘故，作者就提起笔来写文章。前者为的是自己，后者为的是他人，总之都不是笔墨的游戏，无所为的胡作妄为。

学校里有作文的科目。学生本来不想写什么文章，老师给出了个题目，学生就得提起笔来写文章。这并没有不得不写的缘故，似乎近于笔墨游戏，无所为的胡作妄为。但是要知道，学校里作文为的是练习写作，练习就不得不找些题目来写，好比算术课为要练习计算，必须做些应用题目一样。并且，善于教导学生的老师无不深知学生的底细，他出题目总不越出学生的经验和意思的范围之外。学生固然不想写什么文章，可是经老师一提醒，却觉得大有可写了。这样就跟其他作者的写作过程没有什么两样，学生也是为了有可写，需要写，才翻开他的作文本的。

以上的意思为什么必须辨明白？自然因为这是一种正当的写作态度。抱定这种写作态度，就能够辨别什么材料值得写，什么材料却不必徒劳笔墨。同时还能够辨别人家的文章，哪些是合于这种写作态度的，值得阅读，哪些却相去很远，尽不妨搁在一旁。

接着我要告诉读者，写文章不是什么神秘的事儿，艰难的事儿。文章的材料是经验和意思，文章的依据是语言。只要有经验和意思，只要会说话，再加上能识字会写字，这就能够写文章了。岂不是寻常不过、容易不过的事儿？所谓好文章，也不过材料选得精当一点儿，话说得确切一点儿、周密一点儿罢了。如果为了要写出好文章，而去求经验和意思的精当，语言的确切周密，那当然是本末倒置。但是在实际上，一个人要在社会里有意义地生活，本来必须要求经验和意思的精当，语言的确切周密。那并不为了写文章，为的是生活。凡是经过这样修养的人，往往会觉得有许多文章要写，而写出来的往往是好文章。生活犹如泉源，文章犹如溪流，泉源丰盈，溪流自然活泼泼地昼夜不息。

　　从前人以为写文章是几个读书人特有的技能，那种技能奥妙难知，几乎跟方士的画符念咒相仿。这种见解必须打破。现在咱们要相信，不论什么人都能写文章。车间里的工人能写文章，田亩间的农人能写文章，铺子里的店员、码头上的装卸工，都能写文章：因为他们各有各的生活。写文章不是生活的点缀和装饰，而就是生活本身。一般人都要识字，都要练习写作，并不是为了给自己捐上一个"读书人"或是"文学家"的头衔，只是为了使自己的生活更见丰富，更见充实。能写文章算不得什么可以夸耀的事儿，不能写文章却是一种缺陷，这种缺陷跟瞎了眼睛、聋了耳朵差不多，在生活上有相当大的不利影响。

以上的意思为什么必须辨明白？自然因为这是对于写作训练的一种正当认识。有了这种认识，才可以充分利用写作这一项技能，而不至于做文章的奴隶，一辈子只在文章中间讨生活，或者把文章看得高不可攀，一辈子不敢跟它亲近。

这本小书中选录的二十四篇文章可以作为前面的话的例证。第一，这些文章都不是无聊消遣的游戏笔墨，各篇各有值得一写的价值才写下来的。第二，这些文章都不是魔术那样的特殊把戏，而是作者生活的源泉里流出来的一股活水，所以那样活泼、那样自然。我绝不说这些文章以外再没有好文章，我只想给读者看看，这样的文章就是好文章了。要写好文章绝不是铺一张纸，拿一支笔，摇头摆脑硬想一阵就能办到的事儿：读了这二十四篇之后至少可以悟到这一点。

我在每篇之后加上的一些话，性质并不一致。有的是指出这篇文章的好处，有的是说明这类文章的作法，有的是就全篇说的，有的只说到其中的一部分。读者看了这些话，犹如听老师在讲解之后作一回概说。于是再去读其他文章，眼光就明亮且敏锐，不待别人指点，就能把文章的好处和作法等等看出来。如果文章中有不妥当的地方或者不合法度的地方，自然也能随时看出来，不至于轻轻滑过。这不但有益于眼光，同时也有益于手腕。自己动手写作的时候，什么道路应该遵循，什么毛病必须避免，不是大致也有数了吗？总之，我编这本小书的意思跟认真的老师同其志愿，只希望对读者的阅读和写作方面有些帮助。

末了还得说明，阅读和写作都是人生的一种行为，凡是行为必须养成了习惯才行。譬如坐得正、站得直，从生理学的见地看，是有益于健康的。但是绝不能每当要坐要站的时候，才想到坐和站的姿势该怎么样。必须养成了坐得正、站得直的习惯，连"生理学"和"健康"都不想到，这才可以终身受用。阅读和写作也是这样。临时搬出些知识来，阅读应该怎么样，写作应该怎么样，岂不要把饱满的整段兴致割裂得支离破碎？所以阅读和写作的知识必须化为习惯，在不知不觉之间受用它，那才是真正的受用。读者看这本小书，请不要忘了这一句：养成习惯。

叶圣陶
一九三六年十二月二十日

目 录

背影	001
浴池速写	008
我所知道的康桥	013
收获	019
痈	026
整理好了的箱子	035
朋友	042
现代建筑的形式美	049
科学名词跟科学观念	054
分头努力	061
青年的憧憬	067
差不多先生传	074
北平的洋车夫	081
包身工	088
写给上海学生请愿团的一封公开信	094

《杨柳风》序	101
杜威博士生日演说词	108
辰州途中	114
从荥阳到汜水	121
看戏	128
邓山东	135
水手	144
小河	149
压迫	156
附录	166
给建筑飞机场的工人	166
《上海——冒险家的乐园》序	173
苦恼	183
重印后记	195

背影

朱自清

父亲要到南京谋事,我也要回北京念书,我们便同行。到南京时,有朋友约去游逛,勾留了一日;第二日上午便须渡江到浦口,下午上车北去。父亲因为事忙,本已说定不送我,叫旅馆里一个熟识的茶房陪我同去。他再三嘱咐茶房,甚是仔细。但他终于不放心,怕茶房不妥帖;颇踌躇了一会。其实我那年已二十岁,北京已来往过两三次,是没有什么要紧的了。他踌躇了一会,终于决定还是自己送我去。我两三回劝他不必去;他只说,"不要紧,他们去不好!"

我们过了江,进了车站。我买票,他忙着照看行李。行李太多了,得向脚夫行些小费,才可过去。他便又忙着和他们讲价钱。我那时真是聪明过分,总觉他说话不大漂亮,非自己插嘴不可。但他终于讲定了价钱;就送我上车。他给我拣定了靠车门的一张椅子;我将他给我做的紫毛大衣铺好座位。他嘱我路上小心，夜里要警醒些，不要受凉。又嘱托茶房好好照应我。我心里暗笑他的迂；他们只认得钱，托他们直是白托！而且我这样大年纪的人，难道还不能料理自己么？唉，我现在想想，那时真是太聪明了！

我说道，"爸爸，你走吧。"他望车外看了看，说，"我买几个橘子去。你就在此地，不要走动。"我看那边月台的栅栏外有几个卖东西的等着顾客。走到那边月台，须穿过铁道，须跳下去又爬上去。父亲是一个胖子，走过去自然要费事些。我本来要去的，他不肯，只好让他去。我看见他戴着黑布小帽，穿着黑布大马褂，深青布棉袍，蹒跚地走到铁道边，慢慢探身下去，尚不大难。可是他穿过铁道，要爬上那边月台，就不容易了。他用两手攀着上面，两脚再向上缩；他把肥胖的身子向左微倾，显出努力的样子。这时我看见他的背影，我的泪很快地流下来了。我赶紧拭干了泪，怕他看见，也怕别人看见。我再向外看时，他已抱了朱红的橘子往回走了。过铁道时，他先将橘子散放在地上，自己慢慢爬下，再抱起橘子走。到这边时，我赶紧去搀他。他和我走到车上，将橘子一股脑儿放在我的皮大衣上。于是扑扑衣上的泥土，心里很轻松似的。过一会说，"我走了；到那边来信！"我望着他走去。他走了几步,回过头看见我,说,"进去吧,里边没人。"等他的背影混入来来往往的人里,再找不着了,我便进来坐下,我的眼泪又来了。

这篇《背影》,大家说是朱自清先生的好文章,各种初中国文教科书都选了它。现在我们选读它的中部。删去的头和尾,分量大约抵全篇的三分之一。

一篇文章印出来,都加得有句读符号。依着句读符号读下去,哪里该一小顿,哪里该一大顿,不会弄错。但是句中词与词间并没有什么符号,就得用我们的心思给它加上无形的符号,划分清楚。例如看见"父亲要到南京谋事",就划分成"父亲——要——到——南京——谋事",看见"我也要回北京念书",就划分成"我——也——要——回——北京——念书"。这一番功夫要做得完全不错,先得逐一明白生字和难语。例如,"勾"字同"留"字,"踌"字同"躇"字,"蹒"字同"跚"字是不是连在一起的呢?"一股脑儿"是不是"一股的脑子"的意思呢?这等问题不解决,词就划分不来。解决这等问题有三个办法:一是凭自己的经验,一是查词典,一是请问别人。

词划分清楚了,还要能够辨明哪些是最主要的词。例如,读到"叫旅馆里一个熟识的茶房陪我同去",就知道最主要的词只是"叫——茶房——去",读到"我将他给我做的紫毛大衣铺好座位",就知道最主要的词只是"我——铺——座位"。能这样,就不致不明白或者误会文章的意思了。

这篇文章把父亲的背影作为主脑。父亲的背影原是作者常常看见的,现在写的却是使作者非常感动的那一个背影。那么,在什么时候、什么地方看见那一个背影,当然非交代明白不可。这篇文章先要叙明父亲和作者同到南京,父亲亲自送作者到火车上,就是为此。

有一层可以注意:父子两个到了南京,耽搁了一天,第二天渡江上车,也有大半天的时间,难道除了写出来的一些事情以外,再没有旁的事情吗?那一定有的,被朋友约去游逛不就是事情吗?然而只用一句话带过,并不把游逛的详细情形写出来,又是什么缘故?缘故很容易明白:游逛的事情和父亲的背影没有关系,所以不用写。凡是和父亲的背影没有关系的事情都不用写;凡是要写出来的事情都和父亲的背影有关系。

这篇文章叙述看见父亲的背影,非常感动,计有两回:一回在父亲去买橘子,爬上那边月台的时候;一回在父亲下车走去,混入来往的人群里头的时候。前一回把父亲的背影描写得很仔细:他身上穿什么衣服,他怎样走到铁道边,穿过铁道,怎样爬上那边月台,都依照当时眼见的写出来。在眼见这个背影的当儿，作者一定想到父亲不肯让自己去买橘子，仍旧把自己当小孩子看待，这和以前的不放心让茶房送，定要他亲自来送，以及他的忙着照看行李，和脚夫讲价钱，嘱托车上的茶房好好照应他的儿子等等行为是一贯的。作者一定又想到父亲为着爱惜儿子，情愿在铁道两边爬上爬下，做一种几乎不能胜任的工作。这中间含蓄着一段多么感人的爱惜儿子的深情！以上这些意思当然可以写在文章里头，但是不写也一样，读者看了前面的叙述，看了对背影的描写，已经能够领会到这些意思了。说话要没有多余的话，作文要没有多余的文句。既然读者自能领会到，那么明白写下反而是多余的了，所以不写，只写了"我的泪很快地流下来了"。后一回提到父亲的背影并不描写，只说"他的背影混入来来往往的人里，再找不着了"。这一个消失在人群里头的背影是爱惜他的儿子无微不至的，是再三叮咛舍不得和他的儿子分别的，但是现在不得不"混入来来往往的人里"去了。做儿子的想到这里，自然起一种莫名其妙的心绪，也说不清是悲酸还是惆怅。和前面所说的理由相同，这些意思也是读者能够领会到的，所以不写，只写了"我的眼泪又来了"。

到这里，全篇的主旨可以明白了。读一篇文章，如果不明白它的主旨，而只知道一点零零碎碎的事情，那就等于白读。这篇文章的主旨是什么呢？就是把父亲的背影作为叙述的主脑，从其间传出父亲爱惜儿子的一段深情。

这篇文章记父亲的话只有四处，都非常简单。并不是在分别的那一天，父亲只说了这几句简单的话，而是因为这几句简单的话都是深情的流露，所以特地记下来。在作者再三劝父亲不必亲自去送的当儿，父亲说，"不要紧，他们去不好！"在到了车上，作者请父亲回去的当儿，父亲说，"我买几个橘子去。你就在此地，不要走动。"在买来了橘子将要下车的当儿，父亲说，"我走了；到那边来信！"在走了几步回过头来的当儿，父亲说，"进去吧，里边没人。"这里头含蓄着多少怜惜、体贴、依依不舍的意思！我们读到这几句话，不但感到了这些意思，还仿佛听见了那位父亲当时的声音。

其次要说到叙述动作的地方。叙述一个人的动作当然先得看清楚他的动作。看清楚了，还得用最适当的话写出来，才能使读者宛如看见这些动作一样。这篇文章叙述父亲去买橘子，从走过铁路去到回到车上来，动作不少。作者所用的话都很适当，排列又有条理，使我们宛如看见这些动作，还觉得那位父亲真做了一番艰难而愉快的工作。还有，所有叙述动作的地方都是实写，唯有加在"扑扑衣上的泥土"下面的"心里很轻松似的"一语是作者眼睛里看出来的，是虚写。这一语很有关系，把"扑扑衣上的泥土"的动作衬托得非常生动，而且把父亲情愿去做这一番艰难工作的心情完全点明白了。

有几处地方是作者说明自己的意思的：在叙述父亲要亲自去送的当儿，说自己"北京已来往过两三次"了；在叙述父亲和脚夫讲价钱的当儿，说自己"总觉他说话不大漂亮"；在叙述父亲郑重嘱托车上的茶房的当儿，说自己"心里暗笑他的迂"。这些都有衬托的作用，可以看出父亲始终把作者看作一个还得保护的孩子，所以随时随地给他周到的照顾。至于"我那时真是聪明过分""那时真是太聪明了"，那是作者事后省悟过来责备自己的意思。"聪明过分""太聪明了"，换句话说就是"一点也不聪明"。为什么一点也不聪明？因为当时只觉得父亲"说话不大漂亮"，暗笑父亲"迂"，而不能够体贴父亲疼爱儿子的心情。

这篇文章通体干净，没有多余的话，没有多余的字眼，即使一个"的"字、一个"了"字也是必须用才用。多读几篇，自然有数。

浴池速写

茅盾

沿池子的水面,伸出五个人头。

因为池子是圆的,所以差不多是等距离地排列着的五个人头便构成了半规形的"步哨线",正对着池子的白石岸旁的冷水龙头。这是个擦得耀眼的紫铜质的大家伙,虽然关着嘴,可是那转柄的节缝中却嗤嗤地飞迸出两道银线一样的细水,斜射上去约有半尺高,然后乱纷纷地落下来,像是些极细的珠子。

五岁光景的一对女孩子,就坐在这个冷水龙头旁边的白石池岸上,正对着我们五个人头。水蒸气把她们俩的脸儿熏得红喷喷地,头上的水打湿了的短发是墨黑黑地,肥胖的小身体又是白生生地。她们俩像是孪生的姊妹。坐在左边的一个的肥白的小手里拿着个橙黄色透明体的肥皂盒子;她就用这小小的东西舀水来浇自己的胸脯。右边的一个呢,捧了一条和她的身体差不多长短的毛巾，在她的两股中间揉摩。

虽是这么幼小的两个，却已有大人的风度，然而多么妩媚。

这样想着，我侧过脸去看我左边的一个人头。这是满腮长着黑森森的胡子根的中年汉子的强壮的头。他挺起了眼睛往上瞧，似乎颇有心事。

我再向右边看。最近的一个正把滴水的毛巾盖在脸上，很艰辛地喘气。再过去是三角脸的青年，将后颈枕在池子的石岸上，似乎已经入睡。更过去是一张肥胖的圆脸，毫无表情地浮在水面，很像个足球。

忽然那边的矿泉水池里豁刺刺一片水响，冒出个黄脸大汉来，胸前有一丛黑毛。他晃着头，似乎想出来，却又蹲了下去。

大概是惊异着那边还有人，两个小女孩子都转过头去了。拿肥皂盒的一个的小脸儿正受着冷水龙头迸出来的水珠。她似乎觉得有些痒吧，她慢慢地举起手来搔了几下，便又很正经地舀起水来浇胸脯。

茅盾先生这篇文章并不是告诉我们一个故事，只是告诉我们他眼睛里看见的一番光景。文章的内容本来是各色各样的。记载一件东西，叙述一桩事情，发表一种意见，吐露一腔情感，都可以成为文章。把眼睛里看见的光景记下来,当然也成为文章。

我们从早上睁开眼睛起来到晚上闭上眼睛睡觉,随时随地看见种种光景。如果把种种光景完全记下来,那就像一篇杂乱无章的流水账,叫人家看了摸不着头脑。而且作者也没有写这种流水账的必要。作者要写的一定是感到兴趣、觉得有意思的一番光景。至于那些平平常常的光景,虽然看在眼里,绝不高兴拿起笔来写。

这样说起来,写这类文章,必须在种种光景里画一圈界线,把要写的都圈在界线里边,用不着的都搁在界线外边。茅盾先生写这篇文章就先画这么一圈界线。读者试想一想:他那界线是怎样画的?

当时作者在日本的浴池洗澡,若把身子打一个旋,看见的应该是浴池全部的光景。但是他的兴趣并不在浴池全部。他只对于正在洗澡的几个人感到兴趣,觉得他们值得描写。所以他所写的限于池子,池子以外的光景都不写:他的界线是沿着池岸画的。

写出眼睛里看见的光景,第一要位置分明,不然,人家看了你的文章就糊涂,不会看见像你看见的那样。读者试注意这篇文章里位置的交代:"池子是圆的""五个人头便构成了半规形""正对着池子的白石岸旁的冷水龙头"。五个人头中间,作者是一个,作者的左边一个,右边三个。冷水龙头旁边的池岸上坐着两个女孩子。那边还有个矿泉水池，里面也有一个人在那里洗澡。像这样把位置交代清楚，使人家看了，简直可以画一张图画。

因为写的是作者看见的光景，所以对于作者自己并没有写什么。看见池子怎样就写池子怎样，看见冷水龙头怎样就写冷水龙头怎样，看见洗澡的几个人怎样就写洗澡的几个人怎样。池子跟冷水龙头固然是死物，洗澡的几个人却是有思想感觉的。思想感觉藏在他们的里面，作者无从知道。作者只能根据看得见的他们的外貌，去推测藏在里面的他们的思想感觉。推测不一定就准，所以看见左边一个"挺起了眼睛往上瞧"，说他"似乎颇有心事"；看见矿泉水池里的一个"晃着头"，说他"似乎想出来"；看见"两个小女孩子都转过头去了"，说她们"大概是惊异着那边还有人"；看见拿肥皂盒的一个"慢慢地举起手来搔了几下"，说"她似乎觉得有些痒吧"。读者试想：这些地方假如去掉了"似乎"跟"大概"，有没有什么不妥当？有的。假如去掉了"似乎"跟"大概"就变得作者的眼光钻到这几个人的里面去了。这就不是专写光景的手法。这就破坏了全篇的一致。——作者的眼光钻到人物里面去的写法并非绝对不容许，而且常常用得到。像许多小说里，一方面叙述甲的思想感觉，同时又叙述乙、丙、丁的思想感觉,好像作者具有无所不知的神通似的。这是一种便利的法门,不这样就难叫读者深切地了解各方面。然而小说并不是专写光景的文章。

专写光景的文章,所占时间往往很短,就只是作者放眼看出去的一会儿。这篇文章虽然有六百多字,所占时间却仅有四瞥的工夫——向对面两个女孩子一瞥,向左边的一个一瞥,向右边的三个一瞥,"忽然那边的矿泉水池里豁剌剌一片水响",又是一瞥。这类文章也有不占时间的。比如记述一件东西,描写一处景物,作者自己不出场,并不叙明"我"在这里看,那就不占时间了。

这篇文章写得细腻。写得细腻由于看得精密。你看他写一个冷水龙头,使我们仿佛亲眼看见了那"紫铜质的大家伙"。若不是当时精密地看过,拿着笔伏在桌子上想半天也想不出来的。其余写几个人的形象跟动作的地方也是这样。读者都应该仔细体会。

我所知道的康桥

徐志摩

我那时有的是闲暇,有的是自由,有的是绝对单独的机会。说也奇怪,竟像是第一次,我辨认了星月的光明,草的青,花的香,流水的殷勤。我能忘记那初春的睥睨吗?曾经有多少个清晨我独自冒着冷去薄霜铺地的林子里闲步——为听鸟语,为盼朝阳,为寻泥土里渐次苏醒的花草,为体会最微细最神妙的春信。啊,那是新来的画眉在那边调不尽的青枝上试它的新声!啊,这是第一朵小雪球花挣出了半冻的地面!啊,这不是新来的潮润沾上了寂寞的柳条?

静极了,这朝来水溶溶的大道,只远处牛奶车的铃声,点缀这周遭的沉默。顺着这大道走去,走到尽头,再转入林子里的小径,往烟雾浓密处走去,头顶是交枝的榆荫,透露着漠楞楞的曙色;再往前走去,走尽这林子,当前是平坦的原野,望见了村舍,初青的麦田,更远三两个馒形的小山掩住了一条通道。天边是雾茫茫的，尖尖的黑影是近村的教寺。听，那晓钟和缓的清音。这一带是此邦中部的平原，地形像是海里的轻波，默沉沉的起伏；山岭是望不见的，有的是常青的草原与沃腴的田壤。登那土阜上望去，康桥只是一带茂林，拥戴着几处娉婷的尖阁。妩媚的康河也望不见踪迹，你只能循着那锦带似的林木想象那一流清浅。村舍与树林是这地盘上的棋子，有村舍处有佳荫，有佳荫处有村舍。这早起是看炊烟的时辰：朝雾渐渐的升起，揭开了这灰苍苍的天幕（最好是微霰后的光景），远近的炊烟，成丝的，成缕的，成卷的，轻快的，迟重的，浓灰的，淡青的，惨白的，在静定的朝气里渐渐的上腾，渐渐的不见，仿佛是朝来人们的祈祷，参差的翳入了天听。朝阳是难得见的，这初春的天气。但它来时是起早人莫大的愉快。顷刻间这田野添深了颜色，一层轻纱似的金粉糁上了这草，这树，这通道，这庄舍。顷刻间这周遭弥漫了清晨富丽的暖柔。顷刻间你的心怀也分润了白天诞生的光荣。"春！"这胜利的晴空仿佛在你的耳边私语。"春！"你那快活的灵魂也仿佛在那里回响。

伺候着河上的风光，这春来一天有一天的消息。关心石上的苔痕，关心败草里的花鲜，关心这水流的缓急，关心水草的滋长，关心天上的云霞，关心新来的鸟语。怯怜怜的小雪球是探春信的小使。铃兰与香草是欢喜的初声。窈窕的莲馨，玲珑的石水仙，爱热闹的克罗克斯，耐辛苦的蒲公英与雏菊——这时候春光已是烂缦在人间，更不烦殷勤问讯。

瑰丽的春光，这是你野游的时期。可爱的路政，这里不比中国，哪一处不是坦荡荡的大道？徒步是一个愉快，但骑自转车是一个更大的愉快。在康桥骑车是普遍的技术；妇人，稚子，老翁，一致享受这双轮舞的快乐。（在康桥听说自转车是不怕人偷的，就为人人都自己有车，没人要偷。）任你选一个方向，任你上一条通道，顺着这带草味的和风，放轮远去，保管你这半天的逍遥是你性灵的补剂。这道上有的是清荫与美草，随地都可以供你休憩。你如爱花，这里多的是锦绣似的草原。你如爱鸟，这里多的是巧啭的鸣禽。你如爱儿童，这乡间到处是可亲的稚子。你如爱人情，这里多的是不嫌远客的乡人，你到处可以"挂单"借宿，有酪浆与嫩薯供你饱餐，有夺目的果鲜恣你尝新。你如爱酒，这乡间每"望"都为你储有好的新酿，黑啤如太浓，苹果酒姜酒都是供你解渴润肺的。……带一卷书，走十里路，选一块清静地，看天，听鸟，读书，倦了时，和身在草绵绵处寻梦去——你能想象更适情更适性的消遣吗？

前面的文章是徐志摩先生的《我所知道的康桥》的一部分，全篇太长，只能截取。这是记叙景物的文章。记叙景物，手法不止一种。有的作者自己不露脸，只用文字代替风景画片，一张一张揭示出来给读者看。有的作者自己担任篇中的主人公，他东奔西跑，左顾右盼，一切由他出发，把看见的感到的告诉读者。后一种当然是作者接触过景物以后才动手的。前一种作者自己虽然不露脸，但是也要接触过景物才能动手。再不然，作者对于景物也得有了详明的知晓，才可以对读者尽介绍和指导的责任。所以，记叙景物的文章无论用哪一种手法写，接触或知晓是根本的条件。

一望而知，本篇所用的是后一种手法。作者对于景物不只是接触或知晓，他比接触或知晓更进一步，简直曾经沉溺在康桥的景物中间。因此，他告诉读者的不单是呆板的景物，而是景物怎样招邀他，引诱他，他怎样为景物所颠倒，所陶醉。换一句说，他告诉读者的是他和康桥的一番永不能忘的交情。这就规定了他所采用的笔调。要是他采用冷静的严正的笔调，说不定会把这一番交情写得索然无味。他不得不采用一种热情的活泼的笔调，像对着一个极熟的朋友，无所不谈，没有一点儿拘束，谈到眉飞色舞的时候，无妨指手画脚，来几声传神的愉快的叫唤。读者读了前面的文章，不是有这样的感觉吗？

　　读者一定会注意到这一篇里使用着许多重复的语调。如前面的第一节里，就有这样语调重复的四组："有的是闲暇，有的是自由，有的是绝对单独的机会。""我辨认了星月的光明，草的青，花的香，流水的殷勤。""为听鸟语，为盼朝阳，为寻泥土里渐次苏醒的花草，为体会最微细最神妙的春信。""啊，那是新来的画眉在那边调不尽的青枝上试它的新声！啊，这是第一朵小雪球花挣出了半冻的地面！啊，这不是新来的潮润沾上了寂寞的柳条？"以下几节里，这样语调重复的还有些处。语调重复，引起读者一壁经作者指点，一壁在听着叙述的感觉。尤其是三个"啊"字的一组，仿佛读者也置身其境，一同在那里听画眉的新声，一同在那里发现第一朵的小雪球花，一同在那里看新来的潮润沾上了寂寞的柳条。所谓热情和活泼就从这种地方见出（虽然热情的、活泼的笔调并不限于使用重复的语调）。

　　读者又一定会注意到，在前面的末一节里，出现了许多的"你"字。这个"你"是谁？就是这篇文章的读者；更推广开来说，这个"你"也就是作者自己，也就是"我"。为什么指称着读者，"你"呀"你"地写述呢？为什么分身为二，把自己也称作"你"呢？一般文章是以读者为对象的,执笔写文章,好比面对着读者说话,虽然不用"你"字,实在却随处有"你"的意思含在里头。现在明白地把读者称作"你",就见得格外亲切,仿佛作者与读者之间有着亲密的友谊,素来是"尔汝相称"的。又,这一节所写的原是作者自己的游春的经验,但是作者不想独自占有这些经验,他拿来贡献给读者,于是用个"你"字换去了"我"字。这样一换,使读者读了更觉得欢欣鼓舞,禁不住凝神而想:"如果身在康桥,这种快乐完全是我的!"使用"你"字虽然有这样两种作用,但是作者并不是故意弄什么花巧,而是我们的语言本来有这样的习惯。作者适宜地应用了语言的习惯,也是构成他热情的活泼的笔调的一个因素。

这篇文章使读者增进了观察景物的眼力。它告诉你一些观览的法门,如探听河上的春信,就得"关心石上的苔痕,关心败草里的花鲜,关心这水流的缓急,关心水草的滋长,关心天上的云霞,关心新来的鸟语"。这些不但对于观览有用,也是研究自然的门径。

收获

苏雪林

一九二四年,我由法友介绍到里昂附近香本尼乡村避暑,借住在一个女子小学校。因在假期,学生都没有来,校中只有一位六十岁上下的校长苟理夫人和女教员玛丽女士。

我的学校开课本迟,我在香乡整住了一个夏,又住了半个秋天;每天享受新鲜的牛乳和鸡蛋,肥硕的梨桃,香甜的果酱,鲜美的乳饼,我的体重竟增加了两基罗。

到了葡萄收获的时期,满村贴了 La Vendange 的招纸,大家都到田里相帮采葡萄。

记得一天傍晚,我和苟理夫人们同坐院中菩提树下谈天,一个脚登木舄、腰围犊鼻裙的男子到门口问道:"我所邀请的采葡萄工人还不够,明天你们几位肯来帮忙吗,苟理夫人?"

我认得这是威尼先生,他在村里颇有田产,算得一位小地主,平日白领高冠,举止温雅,俨然是位体面的绅士,在农忙的时候,却又变成一个垢腻的工人了。

苟理夫人答允他明天;他过去之后,又问我愿否加入。她说:相帮采葡萄并不是劳苦的工作,一天还可以得六法郎的工资,并有点心晚餐,她自己是年年都去的。

我并不贪那酬劳,不过她们都去了,独自一个在家也闷,不如去散散心,便也答允明天一同去。

第二天,太阳第一条光线,由菩提树叶透到窗前,我们就收拾完毕了,苟理夫人和玛丽女士穿上围裙,吃了早点,大家一起动身。路上遇见许多人,男妇老幼都有,都是到田里去采葡萄去的。香本尼是产葡萄的区域,几十里内,尽是人家的葡萄园,到了收获时候,阖村差不多人人出场,所以很热闹。

威尼先生的葡萄园在女子小学的背后,由学校后门出去,五分钟便到了。威尼先生和他的四个孩子已经先在园里。他依然是昨晚的装束;孩子们也穿着极粗的工衣,笨重的破牛皮鞋。另有四五个男女,想是邀请来帮忙的工人。

那时候麦陇全黄,而且都已空荡荡的一无所有,只有三五只白色骍骍的牛,静悄悄地在那里啮草;无数长短距离相等的白杨,似一枝枝朝天绿烛,插在淡青朝雾中;白杨外隐约看见一道细细的河流和连绵的云山,不过烟霭尚浓,辨不清楚,只见一线银光,界住空蒙的翠色;天上紫铜色的云像厚被一样,将太阳包掩着;太阳却不甘蛰伏,挣扎着要探出头来,时时从云阵罅处,漏出奇光,似放射了一天银箭。这银箭落在大地上,立刻传明散彩,金碧灿烂,渲染出一幅非常奇丽的图画。等到我们都在葡萄地里时,太阳早冲过云阵,高高升起了,红霞也渐渐散尽了,天色蓝艳艳的似一片清的海水;近处黄的栗树红的枫,高高下下的苍松翠柏,并在一处,化为斑斓的古锦;"秋"供给我们的色彩真丰富呀!

  凉风拂过树梢,似大地轻微的噫气,田间陇畔,笑语之声四彻,空气中充满了快乐。我爱欧洲的景物,因它兼有北方的爽垲和南方的温柔,它的人民也是这样,有强壮的体格而又有秀美的容貌,有刚毅的性质而又有活泼的精神。

  威尼先生田里葡萄种类极多,有水晶般的白葡萄,有玛瑙般的紫葡萄。每一球不下百余颗,颗颗匀圆饱满。采下时放在大箩里,用小车载到他家里的榨酒坊。

  我们一面采,一面拣那最大的葡萄吃;威尼先生还怕我们不够,更送来装在瓶中榨好的葡萄汁和切好的面包片充作点心，但谁都吃不下，因为每人工作时至少吞下两三斤葡萄了。

天黑时，我们到威尼先生家用晚餐。那天帮忙的人，同坐一张长桌，都是木乌围裙的朋友，无拘无束地喝酒谈天。玛丽女士讲了个笑话；有两个意大利的农人合唱了一阕意大利的歌；大家还请我唱了一个中国歌。我的唱歌，在中学校时是常常不及格的，而那晚居然博得许多掌声。

这一桌田家饭，吃得比巴黎大餐馆的盛筵还痛快。

我爱我的祖国，然而我在祖国中只尝到连续不断的"破灭"的痛苦，却得不到一点收获的愉快！过去的异国的梦，重谈起来，是何等的教我系恋啊！

这一回请读者读一篇清新愉快的文章。这篇文章叙述的是采葡萄的事情，已经够愉快的了。但是愉快的事情由心情不愉快的人看来，未必感到愉快。可巧作者当时怀着一腔愉快的心情，又亲手去做那愉快的收获工作，情境相生，才写下这篇充满快感的文章。

这里要向读者提出一个问题：如果你胸中涌起了某一种感情，你要把它抒写出来，让别人对你抱同感，你预备怎样抒写呢？是不是快乐的时候连连写"快乐呀快乐"，痛苦的时候连连写"痛苦呀痛苦"呢？

读者想了一想之后,请把自己的答案和以下的话比照。

"快乐呀快乐""痛苦呀痛苦"的办法如果出之于口头,别人还可以从你的脸色和声音感知你快乐了,你痛苦了。如果用之于笔墨,效果更要减少。你即使写上一百个"快乐",一百个"痛苦",别人只能够知道你在说"快乐",在说"痛苦",却无从感受,当然说不上对你抱同感了。

所以抒写感情并不在乎堆砌"快乐""痛苦"之类的字眼;这些字眼竟可以一个也不用,自有别的方法收到抒写感情的效果。如果你把引起你感情的缘由和经过写出来,无论外界的事物或是内心的变化,都照当时所感受到的写出来,这就抒写了感情了。别人看了你的文章,虽然不曾接触那些事物,发生那样变化,可是由文章的媒介,却像接触过了,发生过了。结果自然来了感动。这感动的程度固然不一定和你一样,但是必然有所感受是无疑的。

读者看到这里或许要问:照这样说来,抒写感情的文章不就是记叙文吗?"无论外界的事物或是内心的变化,都照当时所感受到的写出来",这正是记叙文的任务呢。

不错,抒写感情的文章大都是记叙文。离开了事物,感情也就无从兴起。任何感情,都由个人和环绕周围的人、物、事故发生交涉而来。因此,除开了记叙,也就很少纯粹的抒情文。同样的记叙文,仅仅以记叙事物为目的,当然是记叙文;如果其中有一股感情灌注着,作者的目的原在抒写这一股感情,那就是抒情文了。

这篇《收获》就是抒情文,它抒写一股满足的愉快的感情。然而它是记叙文,无非记述作者所见到的人和景物,叙述作者所遇到的一切事情。看了这个具体的例子,更可以明白抒写感情的方法还在于记叙了。

这篇文章不只告诉人家一件采葡萄的事。其中有一股满足的愉快的感情灌注着,好像人体的血脉分布到全身。开头第二节说,为了长期的休假和丰美的享受,体重增加了两公斤;作者并不用说明的笔调,却用文字作为彩色把那些丰美的享受画出来:这中间就开始透露了愉快的心情。第三节说满村贴了招纸,暗示那欢欣的一幕快要开场了。以下几节叙述威尼先生的邀请,苟理夫人答应去帮忙,作者自己也愿意同去,虽然平淡得很,但是在平淡的背后,不是正反映着邻舍互助的和乐气象吗?写葡萄田里所见的秋景这一节最是出色,句句写景色,却句句显示出作者当时的感情。全节用"'秋'供给我们的色彩真丰富呀"作结,可以想见作者对着这些色彩而心醉了。于是她的感情像波纹一样扩大开来，她爱着欧洲的景物和人民。回头来说到所采的葡萄，又那样的丰美可爱。一面采，一面吃，甚至连点心都吃不下，酣畅的情形已在言外了。最后叙述晚餐时候的热闹状况，而用"这一桌田家饭，吃得比巴黎大餐馆的盛筵还痛快"作为全篇的结束，虽然只一句，绝不嫌力量单薄。这一句表达出作者对于收获的欢喜，对于劳动的赞美。换一句说，这样的结尾正是愉快的感情达到了最高点的流露。

这篇文章中间没有"满足极了""愉快极了"一类的句子，然而它是一篇很好的抒情文：这一点读者应当注意。

痈

郭沫若

十天前在胸部右侧生了一个小疖子,没有十分介意。谁期它一天一天地长大,在五天前竟大到了我自己的一掌都不能合盖的地步了。随便买了点"伊邪曲尔软膏"来涂布了半天,病既相当,更有些作寒作冷。没有办法,只好在第二天清早破点费,跑到近处的外科医生去,请他替我诊看。

医生说,是bösartig(恶性)的Carbunkel(痈)。

我希望他替我开刀,但他要再看一下形势才能定。他用太阳灯来照了十几分钟,取了我二元六十钱,教我要好生静养,切不可按压,如再膨胀下去,会有生命之虞。静养得周到时,三礼拜工夫便可望治好。

我自己也学过医,医生所说的话我自然是明白的,这不用说更增长起了我的忧郁。为着一个小疖子而丢命,当然是谁也不会心甘;为着一个小疖子要费三个礼拜的静养和治疗，这也使我不得不感受着精神上的头痛。

算好，邻家的一位铝器工场的工头有一架太阳灯，我的夫人便去向他借了来。

自己用紫外光线来照射，一天照它两次，每次照它二三十分钟。余下的时间除掉勉强起来吃三顿淡饭之外，便只静静地瘫睡在床上。范增疽发背死的故事，总是执拗地要在大脑皮质上盘旋。而更有一个执拗的想念是，我觉得我们中国人的白血球好像也已经变得来只晓得吃自己血里的赤血球，不会再抵抗外来的细菌了。不然，我这个疖子，否，这个痈，何以总是不化脓？

脓——这在我们有医学经验的人，都知道是一大群阵亡勇士的遗骸。我们的白血球是我们的"身体"这座共和国的国防战士，凡有外敌侵入，他们便去吞食它，待吞食过多时卒至于丢命，于是便成为脓。我们不要厌恶这脓吧，我们了解得这脓的意义的人，是应该以对待阵亡将士的庄严感对待它的。

我这个痈总不见化脓，难道我们中国人的白血球，真真是已经变到了不能抵抗外敌的么？

自己的脸色，一天一天地苍白下去了，这一定是白血球在拼命吃自己的赤血球的缘故，我想。

为着一个小疖子，说不定便有丢命之虞，这使自己有时竟感伤得要涔涔泪下。

——妈的,我努力一辈子,就这样便要死了吗?而且是死在不愿意在这儿做泥土的地方!……

今天清早起了床来,觉得痛觉减轻了。吃了早饭后自己无心地伸手向患处去摩了一下,却摩着了一指的湿润。伸出看时,才是脓浆。这一快乐真是不小:我虽然是中国人,我自己的白血球依然是有抵抗外敌的本领的!原来我的痛已经出了脓,浸透了所护着的药棉和药布。自己过分地高兴了起来,便索性把衣裳脱了,把患处的药布药棉也通通剥掉了,取了一面镜子来,自己照视。

痛先生的尊容——一个附在自己胸侧的剥了皮的红番茄,实在不大中看。顶上有好几个穴孔充满着淡黄色的软体,又像是脓,又像是脂肪。自己便索性用一只手来把硬结的一隅按了一下。一按,从一个穴孔中有灰黄色的浓厚液体冒出。这才是真正的脓了。我为这庄严的光景又感伤得快要流眼泪。你们究竟不错,这一大群的阵亡勇士哟!你们和外来的强敌抗战了足足十日,强敌的威势减衰了下来,你们的牺牲当然也是不会小。我一面感慨,一面用指头尽力地罩压,真真是滔滔不尽地源源而来,真是快活,真是快活,这样快活是我这十年来所未有。

……却说这"历史小"三个字确是一个天启。

真的,"历史"实在是"小"！大凡守旧派都把历史看得大。譬如我们的一些遗老遗少,动不动就爱说"我们中国自炎黄以来有五千年的历史"。炎黄有没有,且不用说,区区"五千年"究竟算得什么！请拿来和人类的历史比较一下吧,和地球的历史比较一下吧,和太阳系的历史比较一下吧,和银河系宇宙的历史比较一下吧。……"五千年",抵不上和大富豪卡尔疑比较起来的我身上的五个铜板。

其实只要是历史,都已经是有限的。尽管就是银河系宇宙的历史,和无限的将来比较起来,总还是"小"。

"历史小"——的确,这是一个名言,一个天启。

中国虽然有五千年的历史,那五千年中所积蓄的智慧,实在抵不上最近的五十年。譬如白血球吃细菌的这个事实,我们中国的古人晓得吗？又譬如"历史小"这句名言,我们中国的旧人能理解吗？

总之,"历史"真真是"小"。准此以推,有了"历史"的人也一样是"小"。

古代的大人物,其实大不了好多,连我们现代的小孩子所有的知识,他们都没有。

愈有"历史"者,人愈"小"。

愈有将来者,人愈大。

古代的人小于近代的人。

年老的人小于年青的人。

这些是由"历史小"这个公式所可导诱出来的公式。

我读过艾芜的《南行记》，这是一部满有将来的书。我最欢喜《松岭上》那篇中的一句名言："同情和助力是应该放在年青的一代人身上的。"这句话深切地打动着我，使我始终不能忘记。这和"历史小"这个理论恰恰相为表里。

真的，年青的朋友们哟，我们要晓得"历史"实在"小"。

把年老的人当成偶像而崇拜，绝不是有志气的年青人所当为的事。……

在"历史小"三字中感到了天启，把溃痈的快乐抛弃了，立刻跑进自己的工作室里来。提着一支十年相随的Parker在这稿纸上横冲直闯地写。一写便写了将近四千字。然而写到这里，仍然感觉痈的内部在一扯一扯地痛。

我这时又把痈部摩了一下，刚才压消了的肿，不知几时又恢复了转来。

外敌的势力是还没有衰弱的，我的英勇的白血球们又拥集到前线在作战了。

医生是警戒过我"切不可按压"的,我贪一时的快乐按压了半个钟头,又为一时的心血来潮而弓着背来写了这篇文章。妈的,该不真"有生命之虞"吧?

我选过许多篇文章给读者诸君阅读,其中多数是随笔。这一回仍旧选一篇随笔,郭沫若先生的近作,登载在《光明》第二号,趁便谈谈关于随笔的话。

随笔是最自由的文章。形式既没有一定,题材也随处可取。不比书信,书信有通行的款式,你若不依款式写,人家就说你不懂世务。不比传记,传记要列叙人物的重要言行,你若叙了一桩丢了三桩,人家就说你颇有疏漏。其他如论文、讲义、游记、小说等等,都有一个规模,这规模虽然不是一副呆板的架子,但是弄得不妥当不完全,谁都看得出在规模上有欠缺。随笔可以说毫无规模,三言两语也成,从一个大范围里抽出小小的一片段来写也成,意思像藤蔓一样蔓延开去,直到藤梢和根部斗不拢笋也成。至于题材,凡是实际生活以内的一切都可以充作随笔的题材。读书的心得,日常的见闻,对于事物的感想或意见,在生活中感到的情味等等,无论怎样零碎,怎样琐屑,用来作别种文章也许不相宜的,用来作随笔无不相宜。

照前面所说的看来,随笔岂不将等于乱写一阵吗?这却不然。随笔的唯一条件在于"新鲜的意趣"。你得到一点感想,你觉着这点感想很有意趣,而且别人没有说过,于是把它写出来。读者对于这方面或者没有想到过,或者只是浮泛地想到过,不曾有过深入的体察,见了你的随笔,于是感到浓厚的兴味。可见作者的动手写随笔,读者的乐于读随笔,都为着新鲜的意趣。如果不顾到这一层,看见了一头常见的牛就作随笔,记述人人知道的牛如何耕田的情形;或者读过了一本教科书就作随笔,记述同程度的学生都能明白的内容大概,这就是无聊的行径了。作者写这种随笔的时候,一定不会感到多大兴味;读者读这种随笔的时候,当然兴味索然:其故全在于没有新鲜的意趣。新鲜的意趣因人而不同:小孩子以为新鲜的,大人未必感到新鲜;经验浅薄的人以为新鲜的,经验广博的人未必感到新鲜。换一方面说,体察得深入的人以为新鲜的,在未经指出以前,一般人感觉不到新鲜。所以,新鲜的意趣只能以作者自己作准,自己觉得新鲜,同时又料想到必然有一部分人也会觉得新鲜,这一篇随笔就很值得一写了。

随笔可以作为写作他种文章的基本练习。小小的一片段写得像了样，再去写规模完整的东西就不至于手忙脚乱，漫无把握。随笔的材料取自实际生活，只要不是糊里糊涂过生活的人，生活延长下去，材料也源源不绝。而这样作文又是一条最正当的大道，文章和实际生活联系起来，自然不会去写近乎"文字游戏"的那些东西。因此，在读者诸君这样的年龄，练习作文最好多作随笔。我们希望诸君自己去找题材作随笔，更希望诸君的老师深知你们的实际生活，从这范围中选出适当的随笔题目给你们作。

现在要讲到郭沫若先生的这篇随笔了。因为篇幅有限，不能不加以删节，这里把删节的部分略为说明。原文在照见了"痫先生的尊容"之后，叙述他接到了一些邮件，其中一本杂志上登载着某书局所辑集的郭先生的"历史小品"的预约广告，广告漏掉了"品"字，仅剩"历史小"三字，于是有了这篇随笔的后半篇。

这篇随笔显然可以分为两部分，包含着两个新鲜的意趣：在前一部分的是"我虽然是中国人，我自己的白血球依然是有抵抗外敌的本领的"，在后一部分的是"历史小"。他所说的固然是他自己的白血球，但是读者看了他这前半篇，自然会想到广大的地方去，而同他一样"快活"起来。看见了一条缺漏的广告，就从广告的字面发起议论来,成为后半篇,真可以称为"搭题"了。随笔本是最自由的文章,"搭题"并不碍事,何况他所发挥的又是极为博大的一段见识。读者诸君读了郭先生这一篇随笔,对于随笔的写作应当有不少的领悟。

整理好了的箱子

夏丏尊

　　他傍晚从办事的地方回家,见马路上逃难的情形较前几日更厉害了,满载着铺盖箱子的黄包车、汽车、搬场车,衔头接尾地齐向租界方面跑,人行道上一群一群地立着看的人,有的在交头接耳谈着什么,神情慌张得很。

　　他自己的里门口,也有许多人在忙乱地进出,弄里面还停放着好几辆搬场车子。

　　她已在房内整理好了箱子。

　　"看来非搬不可了,弄里的人家差不多快要搬空,本来留剩的已没几家,今天上午搬的有十三号、十六号,下午搬的有三号、十九号,方才又有两部车子开进里面来,不知道又是哪几家要搬。你看我们怎样?"

　　"搬到哪里去呢?听说黄包车要一块钱一部,汽车要隔夜预订,旅馆又家家客满。倒不如依我的话,听其自然吧。我不相信真个会打仗。"

"半点钟前王先生特来关照,说他本来也和你一样,不预备搬的,昨天已搬到法租界去了。他有一个亲戚在南京做官,据说这次真要打仗了。他又说,闸北一带今天晚上十二点钟就要开火,叫我们把箱子先搬出几只,人等炮声响了再说。"

"所以你在整理箱子?我和你没有什么好衣服,这几只箱子值得多少钱呢!"

"你又来了,'一·二八'那回也是你不肯先搬,后来光身逃出,弄得替换衫裤都没有,件件要重做,到现在还没有添配舒齐,难道又要……"

"如果中国政府真个会和人家打仗,我们什么都该牺牲,区区不值钱的几只箱子算什么!恐怕都是些谣言吧。"

"……"

几只整理好了的箱子胡乱地叠在屋角,她悄然对着这几只箱子看。

搬场汽车啵啵地接连开出以后,弄里面赖以打破黄昏的寂寞的只是晚报的叫卖声。晚报用了枣子样的大字列着"×××不日飞京,共赴国难,精诚团结有望""五全大会开会"等等的标题。

他傍晚从办事的地方回家，带来了几种报纸，里面有许多平安的消息，什么"军政部长何应钦声明对日亲善，外交绝不变更"，什么"窦乐安路日兵撤退"，什么"日本总领事声明绝无战事"，什么"市政府禁止搬场"。她见了这些大字标题，一星期来的愁眉为之一松。

　　"我的话不错吧，终究是谣言。哪里会打什么仗！"

　　"我们幸而不搬，隔壁张家这次搬场，听说花了两三百块钱呢。还有宝山路李家，听说一家在旅馆里困地板，连吃连住要十多块钱一天的开销，家里昨天晚上还着了贼偷。李太太今天到这里，说起来要下泪。都是造谣言的害人。"

　　"总之，中国人难做是真的。——这几只箱子不知道要到什么时候才有牺牲的机会呢！"

　　几只整理好了的箱子胡乱地叠在屋角，他悄然地对着这几只箱子看。

　　打破弄内黄昏的寂寞的仍旧还只有晚报的叫卖声。晚报上用枣子样的大字列着的标题是"日兵云集榆关"。

　　这一篇随笔讲的是去年（一九三五年）十一月初上海地方的纷扰情形，可以说是"簇新鲜"的实录。由于中日两国间局势的紧张,一般市民根据"一·二八"的经验,以为能够赶早逃避总是便宜,所以纷纷向租界里搬。这一篇讲的却是想搬而没有搬的一家。

要记那时候的纷扰情形自然可以有种种的写法。譬如,作者站在马路旁边,看见大小车辆、拖箱提笼的慌忙景象,把这些景象扼要地记下来,这是一种写法。或者,作者向熟识的朋友和遇见的生人逐一访问,听取他们对于时局以及逃呢还是不逃的意见,把这些意见归纳地记下来,也是一种写法。或者,作者自己下一番省察功夫,什么都不管只知道逃是不是应该的,大时代中一个平常人物要不要有一种确定的处世方针,把这些自省的答案坦白地记下来,又是一种写法。可是这一篇的作者并不采用这些写法,他另外有他的写法。在种种的写法中间,我们不能够批评哪一种好、哪一种不好,因为每一种写法都可以写得好或者不好。我们只能够看写出来的文章能不能叫人家明晓那时候的纷扰情形,甚至感觉那时候的纷扰空气,然后说它好或者不好。

这一篇里,作者自己并不出场,完全站在客观的地位。他所讲的仅仅限在一家,一家的一夫一妇。这一对夫妇姓甚名谁?因为没有关系,所以没有叙明,只用"他"和"她"两个字来代替。这男子干什么的?因为没有关系,所以并不提及,只从"办事的地方"一语,使人家知道他是薪水阶级的人物罢了。这一家除了一夫一妇以外，再没有别的人吗？因为没有关系，所以不去管他，也许有，也许没有，总之不用浪费笔墨。——上面说了几个"没有关系"，到底是对于什么的关系呢？原来是对于这一家准备搬家这一回事的关系。叙明了这一对夫妇姓甚名谁，男子干什么的，家里有没有别的人，并不能增加这篇文章的效果，反而使读者多看一些无谓的枝节，故而一概不叙，只让无名无姓的一夫一妇充任这一篇中仅有的角色。

这一篇虽然只叙一家的事，但是也附带写到马路上和里弄里的慌乱状况：报纸的特别受人注意，报贩的迎合社会心理而大做其生意，等等。在"她"的谈话里，又可以见到那些搬了的人家是怎样的以耳为目，心慌意乱，除了精神困顿以外，还受到不轻的物质损失。至于局势的从紧张转到缓和，那是在后半篇的开头点明的。"他""带来了几种报纸，里面有许多平安的消息"，把这些消息扼要记上，就见得局势是转变了。一个完全不知道这回事的人读了这一篇，也可以大略知道当时的纷扰情形，感到当时的纷扰空气。所以有这样的效果，就由于这篇文章能用一部分来显示全体的缘故。

"他"和"她"的谈话各表示一种心理。"她"的心理，只顾私人的利害，只知道追随人家的脚跟，在先因为不搬而焦急,后来又因为不搬而庆幸,这可以说是一般市民的代表。"他"的心理却是特殊的。在普通心理以外,对于当时事态的特殊心理当然有许多种,"他"所怀的只是其中的一种罢了。"他""不相信真个会打仗",如果真个会打仗,"我们什么都该牺牲,区区不值钱的几只箱子算什么!"这里头寄托着很深的感慨。明眼人自然会知道,"他"绝不是黩武主义的信徒,"他"所说的打仗原来是中华民族解放的斗争。

前后两半篇各记着一个傍晚时候的情形。形式也相同,都从"他"回家叙起,然后夫妇谈话,然后看那整理好了的箱子,然后报贩的叫卖声来了,报纸上列着枣子样的大字的标题。很有意味的,前半篇里"悄然对着这几只箱子看"的是"她",而后半篇里却是"他"了。"她"的看含有无限的爱惜和焦急的意思,"他"的看却含有无限的愤激和惆怅。还有,前半篇空气紧张,在末了点明报纸上的两个标题,见得当时真个会紧张到爆炸起来似的;后半篇空气转变得平安了,可是在末了也点明报纸上的一个标题,见得这所谓平安实在并没有平安。这不是作者故意弄玄虚,要使文章有什么波澜。当时原来有这样的事实,经作者用自己的头脑去辨别,认为这几个标题足以增加这篇文章的效果,才取来作为前后两半篇的结尾。果然,把标题记了进去之后,使读者引起无穷的感想,在全篇以外,还读到了没有说尽没有写尽的文章。

这一篇里有些语句是文言的调子,像"赖以打破黄昏的寂寞的"和"一星期来的愁眉为之一松",都和我们的口头语言不一致。为求文章的纯粹起见,能够把这些语句改一下自然更好。作者在写的时候没有留意,要改绝不是不可能。读者不妨试试,把这些语句改为口头语言而并不变动原文的意思。

朋友

巴金

这一次的旅行使我更明了一个名词的意义,这名词就是朋友。

七八天以前我曾对一个初次见面的朋友说:"在朋友们的面前我只感到惭愧。他们待我太好了,我简直没有方法可以报答他们。"这并不是谦逊的客气话,这是真的事实。说过这些话,我第二天,就离开了那朋友,并不知道以后还有没有机会和他再见。但是他所给我的那一点温暖至今还使我的心在颤动。

我的生命大概不会是久长的吧。然而在那短促的过去的回顾中却有一盏明灯,照彻了我的灵魂的黑暗,使我的生存有一点光彩,这明灯就是友情。我应该感谢它,因为靠了它我才能够活到现在;而且把家庭所给我的阴影扫除掉的也正是它。

世间有不少的人为了家庭弃绝朋友,至少也会得在家庭和朋友之间划一个界限，把家庭看得比朋友重过许多倍。这似乎是很自然的事情。我也曾亲眼看见，一些人结了婚过后就离开朋友离开事业，使得一个粗暴的年青朋友竟然发生一个奇怪的思想，说要杀掉一个友人之妻以警诫其余的女人。当他对我们发表这样的主张时，大家都非笑他。但是我后来知道一件事实：这朋友因为这个缘故便逃避了两个女性的追逐。

朋友是暂时的，家庭是永久的：在好些人的行动里我发现了这个信条。这个信条在我实在是不能够了解的。对于我，要是没有朋友，我现在会变成什么样的东西，我自己也不知道。也许我也会讨一个老婆，生几个小孩，整日价做着发财的梦……

然而朋友们把我救了。他们给了我家庭所不能够给的东西。他们的友爱，他们的帮助，他们的鼓励，几次把我从深渊的沿边挽救回来。他们对于我常常显露了大量的慷慨。

我的生活曾是悲苦的，黑暗的。然而朋友们把多量的同情、多量的爱、多量的眼泪都分给了我，这些东西都是生存所必需的。这些不要报答的慷慨的施与，使我的生活里也有了温暖，有了幸福。我默默地接受了他们。也并不曾说过一句感激的话，我也没有做过一件报答的行为。但是朋友们却不把自私的形容词加到我的身上。对于我，他们太大量了。

这一次我走了许多新的地方，看见许多的朋友。我的生活是忙碌的：忙着看，忙着听，忙着说，忙着走。但是我不曾感受到一点困难，朋友给我预备好了一切，使我不曾缺乏什么。我每走到一个新地方，我就像回到了我的在上海的被日军毁掉了的旧居。而那许多真挚的笑脸却是在上海所不常看见的。

每一个朋友，不管他自己的生活是怎样困苦简单，也要慷慨地分一些东西给我，虽然明明知道我不能够给他一点报答。有些朋友，甚至他们的名字我以前还不知道，他们却也关心到我的健康，处处打听我的病况，直到他们看见了我被日光晒黑了的脸和手膀，他们才放心微笑了。这种情形确实值得人流泪啊。

有人相信我不写文章就不能够生活。两个月以前一个同情我的上海朋友寄稿到广州《民国日报》的副刊，说了许多关于我的生活的话。他也说我一天不写文章第二天就没有饭吃。这是不确实的。这次旅行就给我证明出来，即使我不写一个字，朋友们也不肯让我冻馁。世间还有许多大量的人，他们并不把自己个人和家庭看得异常重要，超过了一切的。靠了他们我才能够生活到现在，而且靠了他们我还要生活下去。

朋友们给我的东西是太多了。我将怎样报答他们呢？但是我知道他们是不需要报答的。

我近来在居友的书里读到了这样的话："消费乃是生命的条件……世间有一种不能与生存分开的大量，要是没有了它，我们就会死，就会内部地干枯起来。我们必须开花。道德、无私心就是人生之花。"

在我的眼前开放着这么多的人生的花朵。我的生命要到什么时候开花？难道我已经是"内部地干枯"了么？

一个朋友说过："我若是灯，我就要用我的光明来照彻黑暗。"

我不配做一盏明灯，那么让我来做一块木柴吧。我愿意把我从太阳里受到的热放散出来，我愿意把自己烧得粉身碎骨来给这人间添一些温暖。

作者的文章充满着热情，许多的少年人青年人都喜欢读它。所谓热情，缘于天性和环境。具有热情的天性，又遇到不受阻遇甚至足以助长的环境，胸中的热情就像火一样炽盛起来了。但是热情的人表现在外面的，如态度、说话、作文等等，未必个个一样，大概可以分为两派。一派是胸中虽然怀着热情，可是表现在外面的依然很冷静，即使激昂到极点，态度还是那么从容，说话还是那么平淡。另一派却不然，表现在外面的同内面一样的热烈，无论一个态度或是一句说话，都毫不隐藏地显示出他胸中所怀的一腔热情。作者近于后一派，表现在外面的他的文章尽让热情奔放，内面感得怎样，笔下就怎样抒写，不很顾到节制和含蓄。所以他的文章读下去很是爽利，好像听一个绝无城府的人滔滔汩汩吐露他的心胸。

文章必须从真实生活里产生出来。把真实生活里所不曾经验过的事勉强拉到笔底下来，那是必然失败的勾当。人固然不必为着写文章而留心自己的生活。但是做了人就得担负人的责任，就得留心自己的生活。有了充实的生活才有好文章。——以上这些话差不多是谈文艺的人的老调，然而中间确实含有颠扑不破的道理。如果把这一篇《朋友》作为例子来看，这个道理将更觉得明白。

《朋友说》《交友的益处》这一类题目，不是从前的以及现在的初学作文的学生常常遇到的吗？他们对于朋友知道得不多，只从"修身"或"公民"的教科书里得到一些概念，于是交换知识哩，帮忙工作哩，规劝过失哩，写上纸面的无非这一套。借此练习练习造句和成篇，当然算不得坏事，但是绝不能说作者写了一篇像样的文章。这一篇的题目也是《朋友》，然而写来和初学作文的学生全然不同。这篇文章叫人家受到深切的感动。不但受到感动，还能影响到行为，使人家更珍重起朋友所给予的友情来。为什么呢？因为这篇文章是从作者的真实生活里产生出来的。作者跑到这里，跑到那里，和许多朋友交接，彼此相见以心：好像全是这篇文章的预备工夫。换一句说，没有他的交游就不会有这篇文章。像这种并非勉强拉到笔底下来的材料，里头交织着作者的思想和情绪，写成文章，自然成为出色的一篇，受读者的欣赏了。

这篇文章说了许多的话，其实只表明一句："他们待我太好了，我简直没有方法可以报答他们。"为要叙述"他们"怎样"待我太好"，所以用"明灯"来比喻"他们"的友情，用"把我从深渊的沿边挽救回来"来形容"他们"的施与。比喻和形容还嫌不够，所以更举出一些"待我太好"的事实来。第一，"朋友给我预备好了一切，使我不曾缺乏什么"。第二，甚至以前不曾闻名的朋友"也关心到我的健康"。第三，"这次旅行给我证明出来，即使我不写一个字，朋友也不肯让我冻馁"。这些事实根源于"不能与生存分开的大量"，是"人生之花"开放着的表现。作者给"这么多的人生的花朵"环绕着，自然要感激惭愧，引起"我将怎样报答他们"的心情了。

然而引起这种心情只是作者方面的事。在许多朋友方面，岂有为望报答才做种种施与的道理？这一点作者体贴得很明白，所以说了"大量的慷慨"，又说"慷慨的施与"，说了"明明知道我不能够给他一点报答"，又说"我知道他们是不需要报答的"。

作者没有方法可以报答，那么就此不想报答了吗？不。作者愿意做一块木柴，"把我从太阳里受到的热放散出来，……给这人间添一些温暖"，这就是他的报答。这样的报答跟你来我往的寻常报答不同，报答的对象并不限于"待我太好"的朋友，而是广大得多的"人间"。这种想头，可以说是从受了友情的培养而滋长起来的一种崇高的道德感发生出来的。

就文章说，如果到"但是我知道他们是不需要报答的"为止，不再写下去，也未尝不可以。然而比较现在的样子就觉意味短少得多。对于这一点，读者不妨仔细辨一辨。

现代建筑的形式美

丰子恺

现代建筑的形式美,约言之,有四条件:第一,建筑形态须视实用目的而定。第二,建筑形态须合于工学的构造。第三,建筑形态巧妙地应用材料的特色。第四,建筑形态须表出现代感觉。

现代建筑界的宠儿勒·可尔褒齐(Le Corbusier)有一句名言:"家是住的机械。"这句话引起了世界的反应,大家从机械上探求建筑美。换言之,即从实用价值中看出的艺术的价值。凡徒事外观美而不适实用的建筑,都没有美术的价值,在现代人看来都是丑恶的。现代人的家,要求室内有轻便的卫生设备,换气、采光、暖房等。要求建筑材料宜于保住温度,宜于防湿气,宜于隔离音响,且耐久耐震。要求窗户的启闭轻便而自由。因此木框的窗改为铁框的窗。最彻底表现这种建筑美的,便是Siedlung——无产者集合住宅的新形态,集合住宅的意图:是用最小限的费用,来企图最大限的活用。昔日不列入艺术范围内的平民之家,现在成了最显示美的特质的建筑题材。

建筑形态合于工学的构造,就是要求力学的机能与建筑的基本样式保有密切的关系。例如铁比石轻便,比石占据地位更少;铁骨建造可使建筑物表面免去柱的支体。尽量利用这种力学的机能,便可以在建筑上显示一种特殊的美。

材料的特色,例如古代建筑用石材,表示石材特有的美。现今的建筑用铁,用玻璃,亦必尽量发挥铁和玻璃所固有的材料美。白色的半透明玻璃的夜光的效果,已在现代都市中处处显示着。

现代感觉,不限于视觉,须与现代人生活全部相关联。例如最近流行一种钢管的家具桌椅,便是为了它适合现代感觉,与现代人的简便轻快的生活相调和,最适宜于作为"住的机械"的一部分的缘故。

这篇文章是从丰先生的《西洋建筑讲话》第六讲《店的艺术》中摘录出来的,题目是我加上的。丰先生编的讲述艺术的书不少,有关于图画的,有关于音乐的,有关于建筑的。现在摘录这一篇来和读者诸君谈谈,除了使诸君知道它的内容以外,更重要的在使诸君辨认文体，懂得一种文体的作法。

我们读教科书，看报纸和杂志，接触许多文章。留心一下，就觉得这许多文章在作用上并不相同。譬如，讲一只可爱的猫的，讲几幅名贵的画的，这些文章讲的是占有空间的东西，按照东西的性状写下来，好比写生画。又譬如，讲某次战争的始末的，讲某人努力学习的经过的，这些文章讲的是占有时间的事情，把事情的前前后后写下来，好比拍活动影片。无论是讲占有空间的东西或者是讲占有时间的事情，都是记叙外界的现成的材料，通常叫作记叙文。

但是这一次选读的这篇文章又不同了。它讲到现代建筑，可并不讲某一所建筑的外观和内容，也不讲某一所建筑从奠基到落成的经过情形。它所讲的不是占有空间的东西，也不是占有时间的事情，而是附着于事物的一种道理。它讲明白现代建筑的形式美是什么，换一句说，就是讲明白现代建筑的形式美根据什么来判定。现代建筑的形式美根据什么来判定，这是一种道理，凭空去找是找不到的，因为它附着于现代建筑，离开现代建筑就不存在。不凭空去找，要凭现代建筑去找，但是只凭一所建筑还是不行，必须看了许多现代建筑，才能发现这个道理，理解这个道理。发现了、理解了才能讲。这同记叙文不一样，不是告诉人家一些外界的现成的材料，而是告诉人家一些内心的努力的结果。这样的文章，作用在讲明白一些内心所发见、所理解的道理，通常叫作说明文。

人类生活非常繁复，人与人之间不能够单把所接触的东西、所知道的东西互相告诉了就完事，还得把所发现、所理解的道理互相传授，互相印证，使彼此的知识更加丰富起来。因此，写文章不能只写记叙文，还得写说明文。

说明文的用处非常大。咱们读的教科书就大半是说明文。生理学、物理学的教科书不必说了；就像历史教科书，它那述说史实的部分固然是记叙文，但是指明前因后果的部分就是说明文；又像地理教科书，它那述说地方的部分固然是记叙文，但是阐明有关人文的部分就是说明文。

这篇文章中所引勒·可尔褒齐的话"家是住的机械"，可以说是最简单的说明文。只有一句话，但是说出了他对于家的理解。通常的说明文也无非许多这样形式的话的集合，以及它们的引申。像这篇文章的第一节，作者对于"现代建筑的形式美"有四项理解，就用四句话来说明。这四句的每一句，形式都和"家是住的机械"相同。例如第一句，其实就是现代建筑的形式美的条件是建筑形态须视实用目的而定。说了这四句恐怕人家还不明白，要问什么叫作建筑形态须视实用目的而定。这就不得不加引申，于是写了第二节。第三、四、五节也是同样的道理。这就构成了全篇。

说明文的好坏在乎所发现、所理解的道理准确不准确。发现得准确，理解得准确，写下来的就是好的说明文，除非文字上有什么毛病。如果所发现的是空想，所理解的是误会，即使文字上一无毛病，也不能认为是好的说明文。怎样才能使所发现、所理解的道理完全准确呢？这要靠平时修养、锻炼，是整个生活上的事情，不是只读几篇文章所能做到的。

科学名词跟科学观念

赵元任

要挂科学家的科学招牌,最要紧的是会用满口的科学名词。假如你说"我要一杯热开水",你的说话就太"不科学的"了,你非得要说"我要二百五十西西的氢二氧,它的温度需要达到过沸点,并且要维持着比较的高温度"。明明一句简短而人人都懂得什么意思的话,必得要改成啰里啰唆而多数人不懂的话,这方才是合乎科学的资格。这是许多人对于科学名词的感想。

我现在说明科学名词存在的理由分三层来说:第一,科学研究的东西往往不是平常人知道有的东西。氢二氧,固然可以叫它"水",温度达到沸点固然可以叫做"开",或是"滚",但是像钠、铝、声波、电波、微菌、维他命都是平常不知道有的东西,所以不得不给它们些名词,以便称述。

第二,科学家所研究的事情往往不是平常人所问的事情。比方东西动的快慢科其名曰"速度",其实就是快慢;可是比方东西往下掉的时候它的速度越变越快,它的变法究竟变得有多快,这是科学要问而平常人不要问的事情,因而不得不给它个名词叫"加速度"。再比方一个病人跟一个好人在一处,分开之后,第二人好像没有染着那个人的病,可是过了几天那个病发出来了。并且各种传染病从染着过后到发出来有各种不同的期限,因而就给这期限一个名词,叫某种传染病的"潜伏期"。

第三,也是最要紧的,就是科学所以要用科学名词,是为着要改组日常所见的东西跟事情的观念。因为咱们日常所用的名词,跟这些名词所代表的观念往往是很不清楚很不一致的,只要一仔细认真的想要把它弄清楚,想要找出它所代表的实在的东西跟事情,就会发觉出来许多分歧跟矛盾的地方。

比方"力"是一个很笼统没有清楚范围的观念,科学就分出力(狭义的),是质量乘加速度(ma);动量,是质量乘速度;动能,是半质量乘加速度平方($\frac{1}{2}mv^2$)等等不同的事情。冷热就分出温度、热量、比热、皮肤上的冷觉点的感觉,都是各有各的意义跟范围的。照平常观念,鲤鱼也是鱼,鲸鱼也是鱼。科学就根据卵生胎生等现象分出鱼类跟哺乳类,而把鲸鱼跟猫、狗、人类一同归在哺乳类。年的概念比较清楚一点，但是细追起来，又有以四季定年（回归年）、以地球公转周期定年（恒星年）、以地球近日点周期定年（近点年）、以黄白道交点周期定年（交食年）的四种长短不同的年。

为照理想的办法，为避免平常语言容易引起误会计，最好完全用符号α，β，γ，或希腊、拉丁等字来代表科学分析出来的各种有定义的观念。比方说鲸不是鱼好像奇怪，假如说鲸不是P或不是"辟斯开斯"就一点没有什么奇怪了。但为便于学习跟记忆，当然是用略有关系的普通文字方便些。不过要记得这完全是为迁就多数人方便的办法，科学是绝对不负遵守词字在语文上的"正当"用法的责任的。

还有假如平常的名词，经查考的结果，知道他所指的东西并不存在，所说的事情并无其事，或是所指的事物经分析过后内容各部太不相干，不成有意义的观念，例如神仙、手气（赌钱的手气）、药的寒性热性、发（如吃鸡是发的）等等，科学压根儿就不谈这一套。如果要谈的话，就拿它们当语言学跟社会科学的材料了。

总结起来可以说，科学的所以用名词，不是因为好好儿的老牌名词不够时髦，必得改了洋装才够引人注意，也不全为科学要研究平常不知道有的东西跟不注意的事情而题新名词，乃是因为咱们平常所持的观念跟所用的名词太含糊太不一致，一经细查，就觉出来或者是没有这回事，或者它并不是一类事，因而不得不另造一些分析严密范围清楚的名词，才可以作散布跟推广正确知识的合用的工具。这是科学名词存在的主要理由，并且也应该作用科学方法研究向来不认为在科学范围内的任何类问题的榜样。

这回再请读者读一篇说明文。

说明文说明一种道理，作者的态度是非常冷静的。道理本该怎样，作者把它说清楚了就算完事，其间掺不进个人的感情呀、绘声绘色的描摹呀这一套。读者读说明文也只是理智方面的活动。读了作者的文章，再根据平时的经验加以考核，的确有那么一个道理的，就认为"是"，道理并不如作者所说的，就认为"非"，其间绝对不容有偏好偏恶的事情。

但是说明文不一定就是板起面孔来说话，说明文未尝不可以带一点儿风趣。我们坐在教室里听教师作各科的讲述，这些讲述写下来的时候差不多都是说明文。有几位教师的讲述绝对冷静，一是一，二是二。我们听了固然长知识，但是有时不免感到厌倦。另外有几位教师的讲述却带一点儿风趣，照通俗的说法就是"发松"，他们举出一些有味的例子，插入一些"幽默"的语句。我们听了不但长知识，并且对他们的讲述发生了浓厚的兴味，仿佛上了瘾，往后只是想听，厌倦的感觉是永远不会有的了。可见说明文如果带一点儿风趣，对于读者的吸引力就比较大——也就是它的效率就比较大。现在有许多专门学者著书立说，为了使一般人易于接受起见，往往采用最通俗的带一点儿风趣的讲法：道理就在于此。

赵先生这篇文章的第一节就有风趣。第一节不过说一般人对科学名词存着误解，以为科学名词只是科学家要挂科学招牌才造出来的。但是赵先生认为说了这一层不够，他更举出一个显明而有味的例子来：一定要把"我要一杯白开水"说作"我要二百五十西西的氢二氧，它的温度需要达到过沸点，并且要维持着比较的高温度"，这是一般人对科学名词的应用的感想。在这个例子里，前一句多么简单明白，后一句多么"啰里啰唆"不容易懂得。抛开了简单明白的说法不用，偏要去用"啰里啰唆"不容易懂得的说法，世间再没有比这个更傻的事情了。于是我们不由得要笑出来。然而，看了这个好笑的例子，我们不免想：科学名词的应用果真全是这样的傻事情吗？这就引动了求知欲望了。在引动了求知欲望的时候看下文，当然比骤然地看来得亲切。所以，这个例子增加了这篇文章的效率，并不是随便砌进去的"闲文"。

说明文说明道理。道理是附着于事物的，它本身不是"视而可见，触而可知"的事物，有时不很容易领会，为了使读者领会起见，说明了道理之后，最好指出一些实例来。这篇文章说明"科学名词存在的理由分三层"，就是三个道理。譬如第一个道理："科学研究的东西往往不是平常人知道有的东西"，所以不得不给它们定一些名词。读者看了这说明也许要问：哪些是平常人不知道的东西呢？哪些是给这些东西特定的名词呢？然而看了下面指出的实例"钠、铝、声波、电波、微菌、维他命"就明白了，知道这些特定名词的确必要，如果没有这些特定名词，这些东西简直没有法子称述。——关于第二个、第三个道理也是如此。

因为第三个道理"最要紧"，又比较难以领会，所以除指出实例外，再加上两节来申说。所指出的实例是"力""冷热""鱼和鲸鱼""年"，以见通常名词和科学名词所代表的观念有笼统和明确的分别，要求观念明确，当然要用科学名词。这一节和属于第一个、第二个道理的实例相当。下一节说明科学观念为什么不完全用符号来代表（为的是"为便于学习跟记忆，当然是用略有关系的普通文字方便些"）。再下一节说明另外有一些名词非但笼统，简直和科学观念全不相干，那是科学所不谈的。看了这两节申说，一些科学名词以现在的方式而存在的缘故就了然了。

末了一节统括前面所说的三个道理。前面是分开来说，这里是合起来说，而偏重于第三个。原来第一个、第二个道理也就是第三个道理。单只为"平常不知道有的东西跟不注意的事情"，还不一定需要科学名词，但是这些"平常不知道有的东西跟不注意的事情"跟我们的科学观念有关，科学观念能使我们知识趋于正确，那就非特定科学名词不可了。

分头努力

韬奋

我记得有一个时候,有人提出枪杆和笔杆对救国谁的力量强的问题。有些人对这个问题打了一顿笔墨官司,结果还是你说你的,我说我的,没有得到什么一定的结论。其实枪杆自有枪杆的效用,笔杆也自有笔杆的效用,只须用得其当,都可以有它的最大的贡献;真要救国,应该各就各的效用做最大限度的努力。当十九路军在淞沪英勇抗敌御侮的时候,我们亲眼看到枪杆对于保卫国土所贡献的伟大的力量,但是同时我们也亲眼看到民众被爱国言论和宣传所引起的异常深刻的感动,万众一心,同仇敌忾,有钱的出钱,有力的出力,妇孺老幼都奋发努力于后方的种种工作,军力和民力打成了一片。

救国的工作是要靠各种各样的分工配合而成的,是要各就自己所有的能力做最大限度的奋斗。

试再就军事上的作战说吧，有的担任前线的冲锋，有的卫护后方的辎重，各有各的任务，谁也少不了谁；你如果一定要使冲锋的队伍都到后方来卫护辎重，或一定要使辎重队都往前方去冲锋陷阵，那在军事的作战上都是损失。

不但枪杆和笔杆，不但军事上的作战，我们对于各种各样的工作，乃至似乎是很平凡的工作，都应作如是观。例如一个报馆里卷包报纸的社工，在表面上看来，他的工作似乎是很平凡的，但是只要这个报纸是热心参加救国运动的，在救国的任务上，他的工作也有着重要的意义。

稍稍有一点知识和良心的中国人，没有不时常想到中华民族解放，没有不殷切盼望中华民族解放的早日实现，所以也没有不想在这上面尽他的力量。这种心理的随处流露，在救国运动方面当然是一件可喜的事情。但是有许多人因此感到苦闷，总想跳出他所处的现实，跑到一个合于他的理想的环境中去努力。他没有想到我们应该各就各的能力，即在现实中随时随地做工夫；更没有想到环境若使真能合于我们的理想，那需要我们的努力也就不会怎样迫切的了。

也许我们自己还没有做到"最大限度"，那只有更奋勉地加工干去。也许别人还没有做到"最大限度"，那我们也不应轻视他,却要指示他,鼓励他,帮助他,做到"最大限度"。

让我们在民族解放的大目标下,分头努力干去!

咱们已经读过一些说明文。说明文无非说明一种道理、缘由、关系等等。那种道理、缘由、关系等等是本来存在的,并非作者所创造,也非任何人所能创造。作者不过懂得了这些(或者由自己悟出来,或者从他人那里传习得来),就把所懂得的告诉他人罢了。这时候作者的态度是异常冷静的,一点儿不掺入自己的感情或愿望,也不问读者是谁,只要把自己所懂得的说明白了就行。如果在另一处地方,另一个时间还有说明那种道理、缘由、关系等等的必要,若是他自信所懂得的并不错误,那么他所写出来的依然是从前的那番话。读者对于那番话相信不相信,他是不过问的。相信不相信是读者的事情,而他只担负说明白那种道理、缘由、关系等等的责任。这种态度是说明文的特点。

从说明文进一步,也是说明一种道理、缘由、关系等等,但是同时伴着一种愿望,必须说服读者,使读者信从。这时候,所说明的道理、缘由、关系等等就成为作者的主张。从文章体制上说,这篇文章就成为议论文了。无论什么主张,绝不能没有理由地建立起来。譬如你主张常常运动以增进健康，必然由于你懂得了运动和健康的关系。可见主张也不是凭空造出来的。从事事物物之间去参悟、去体验，因而懂得什么是应该的，什么是不应该的，什么是必须做的，什么是不能做的：这样的主张才有价值，才可以作为言论和行动的标准。一个人有了一种主张，他自己的言论和行动当然和它一致，那是不用说的，不然就是人格的不一致，道德上的缺失。同时一个人常常欢喜把自己的主张告诉他人，使他人相信他的主张确有道理，言论和行动也和它一致。为着使他人相信，语气之间就不能像说明文那样冷静，得带有表示感情或愿望的成分。议论文和说明文的区别就在这里。说明文以"说明白了"为成功，而议论文却以"说服他人"为成功。我们时常看见的"宣言""告××书"一类的宣传文章，其中当然有一些意思，但是这些文章不只希望把那些意思说明白，还要用一种打动人心的语句和调子表达出来，使他人乐于接受。这类文章也是议论文，从这类文章也可以看出议论文和说明文的不同。

这一回咱们读韬奋先生的一篇文章。这篇文章所说明的是什么呢？读者诸君一定能够看出，就是作为第二节的一句话："救国的工作是要靠各种各样的分工配合而成的，是要各就自己所有的能力做最大限度的奋斗。"从淞沪战役的经验,知道枪杆和笔杆同样具有伟大的力量。从军事常识,知道担任前线的冲锋和卫护后方的辎重同样不能缺少。更从其他很平凡的工作着想,知道一家热心参加救国运动的报馆里的一个卷包报纸的社工,他的工作也有着重要的意义。"各种各样的分工"以及"各就自己所有的能力做最大限度的奋斗"的道理,是从这些认识上悟出来的,并不是作者凭空造出来的。

假如文章只说这些,那就是一篇说明文。作者所以要说明白这个道理,为的是从这个道理上他建立了一个主张:"让我们在民族解放的大目标下,分头努力干去!"有许多人"总想跳出他所处的现实,跑到一个合于他的理想的环境中去努力"。作者要拿他的主张去劝说那些人,使他们不再这么想,而在现实中随时随地做工夫。他用提醒的方法来劝说。第一,他指出他们没有想到各就各的能力去做工夫的道理。第二,他指出他们意念的错误。现在迫切地需要大家努力,为的就是现实环境不合理想,又怎么能够跳出现实,另寻理想的环境去努力呢?经作者这么一提醒,这许多人至少要爽然若失,因而信从作者的主张吧。倒数第二节是表示意志的语言。不放松自己,也不放松别人,像共同宣誓一样把"做到'最大限度'"作为彼此努力的目标。最后一节，简单地明确地提出主张。如果是在台上演说，这一句话是字字着力地说出来的。就在此戛然而止，打动听众心坎的力量是多么强大啊！

青年的憧憬

胡愈之

青年所需要的是憧憬。

青年,尤其是学生时代的青年,整天的时间有大部分消磨在抽象的观念的世界中。但这些从课堂和书本所得来的抽象的观念的世界经验和知识,往往和实际的世界经验和知识相矛盾,相抵触。因此青年常爱描绘一个和这抽象的观念的世界相符合的世界,并且希望由自己和别人的努力实现这个世界,而自己就生活在里头。这是青年们所追求的憧憬。

我们读历史,读昔人的传记,读本国地理和世界地理,我们感觉到人类的创造能力是多么伟大;过去的人类是怎么英勇地和自然努力斗争,创造成现在的世界;人类社会是怎样地一步步向前猛进;人是怎么的可骄傲的智慧的动物。但是收起了书本,向我们的周围一看,便感觉到人类虽然有一些智慧,而这些智慧自从多年以来便已窒塞了。现在的人并不用了智慧用了才干去征服自然，却用了去互相争夺杀戮。人类社会不但没有前进，而且在那里一步步的后退！

学校教育教我们服从真理，寻求真理。从数学的研究中，我们沉浸于绝对真理的世界；从自然科学的研究中，又使我们相信真理是生活的唯一法则。可是在我们的周围实际世界中，真理只是一个极大的谎骗。真理的生活和数学上的正圆形一般，在实际世界中是绝对不存在的。我们生活中，到处存在的只是妥洽、折中、通融、权宜。换句话说，就只是"世故"，"世故"正是在真理的反面的。不仅如此，假如你把科学的真理应用到日常生活里面去，你就是不识时务的书呆子，或者竟被人称作疯子。

在青年的幻想中，自然是美的，生活是美化的。但是你出了图画教室音乐教室，出了学校的门，你便会感觉到随处是脏的、丑恶的。

因为青年的幻想与实际生活不一致，所以青年痛苦，青年追求着憧憬。

憧憬中的世界又怎样呢？

在那个世界里，所有的人用了智慧，用了英勇，和自然力奋斗，为了增高全体的生活水准而奋斗。对于那些人群的害物，大家抱着嫉恶如仇的决心，猛烈地加以扑灭,可是并不演着旧世界里所常有的人吃人的惨剧。人的一切的努力完全贡献到创造和生产上面去。

在那个世界里,真理得到了最大的胜利。人把真理奉为唯一的法则。最现实的生活用着最抽象的数学法则来干。科学的、组织的、计划的精神支配着一切。

在那个世界里,美和生活开始了密切的联系。人恢复了社会的本质,由此所表现的人生是最调和最美化的人生。文学和艺术获得特殊的自由的发展,它们不再是生活的装饰,而就是生活的本身。

在那个世界里没有懦夫,因为在道德教条上,懦怯是最大的罪恶。在那个世界里没有狡谲欺诈,因为根本上用不到狡谲欺诈了。人靠了理智和科学,代理了神的使命。一切的"不可能",一切的神迹,都要用"凡人"的力量创造出来。虽然不就能达到"完全",但是人从自己的努力估计起来,自信有达到"完全"的把握。

憧憬中的世界描绘得差不多了。关于怎样实现这个世界,青年也有他的憧憬。对着这个追求不懈,青年就有真实地快乐的一天了。

咱们有了一个意思,要想写成文章告诉人家,最普通的办法是提起笔来就写,写到无可再写的时候就完结。但是，这实在不是顶妥当的办法。

　　写一篇文章，当然期望它能收最大的效果。什么叫最大的效果呢？就是能使读者看了之后，明白到十分，感动到十分。如果仅能使读者明白到三四分，感动到五六分，那就没有收到最大的效果。作者限于实际生活的经验，限于写作技能的素养，也许无论如何都不会收到最大的效果。可是一个认真写作的人总不肯放弃这个目标，总要向着这个目标努力。因此，当有了一个意思之后，他不肯提起笔来就写，他还得费几回斟酌，才动手去写作。

　　一个意思，可以用来表达它的文章体裁不止一种。我们得到了一个意思，往往觉得写一首诗歌也成，写一篇小说也成，乃至写一则极其自由的随笔、写一篇非常严正的论文，都成。可是这许多体裁之中，必然有一种最适于意思的本身和当前的读者的。需要选到一种最合适的体裁，意思才会恰如原样地表达出来，读者才会深切地明白和感动。所以，选定体裁是动笔之前应该斟酌的一件事情。

　　还有，通常说表达意思，好像意思总得倾筐倒箧地拿出来。其实不然。有许多文章，作者几乎完全不拿出自己的意思来，或者只拿出一部分来而留着其他的部分。完全不拿出意思来并不是没有意思，而是把意思隐藏在文章的背后。只拿出一部分来并不是潦草完篇，而是其他部分已经包含在一部分之中了。那隐藏着的和包含着的意思都待读者自己去发现。读者自己从文章中发现了意思，其明白和感动的程度，比直接从作者那里接受意思更要深切。所以，有了一个意思，要不要老实拿出来，或者只拿出一部分来而留着其他部分：这又是动笔以前应该斟酌的一件事情。

以上说了一些空话，读者诸君或许还无法捉摸。现在把胡愈之先生的一篇文章作为例子来说。

读者诸君读了胡先生的文章，自然会明白这篇文章的意思。它的主要意思不是说青年应该努力奋发，以求实现那憧憬中的世界吗？我们可以猜想，作者在有了这样一个意思之后，必然经过一番斟酌，才提起笔来写成这篇文章的。

这个主要意思可以用几种文章体裁来表达。摄取一些具体的印象，编成一些和谐的语句，把这意思含蓄在里边，那就是诗歌。创造一个故事，其中主人翁当然是青年，在故事背后透露出这个意思来，那就是小说。不拘文章的形式，纯任自然，把这个意思说了出来就完事，那就是随笔。然而最适合于意思的本身和当前的读者的，还是像胡先生所采用的那种小论文。因为在一篇文章中，要把实际的世界和憧憬中的世界都描绘出一个轮廓来，绝不能琐琐屑屑作具体的刻画，而只能粗枝大叶作概括的叙述，所以用论文的体裁最为相宜。又因为读者是中学生（这篇文章是在《中学生》杂志发表的），若把意思艺术化了，写成诗歌或者小说，不及写成小论文容易使读者理解。经过这样一番斟酌，于是文章体裁决定了。

其次，劝导青年努力奋发，以求实现憧憬中的世界，这个意思可以慷慨激昂地说出来的。但是作者并不如此做，只平心静气地指出青年所以需要憧憬的缘故。为什么需要憧憬呢？因为观念的世界和实际的世界相矛盾，相抵触。怎样矛盾怎样抵触呢？于是概括叙述实际的世界的大略，接着描绘憧憬中的世界的轮廓。实际的世界是人人生活在其中的，只要叙述得扼要而且正确，不必加什么激励和劝说，读者自然会觉到它必须破坏。憧憬中的世界是人人所想望着的，只要描绘得扼要而且明显，也不必加什么激励和劝说，读者自然会觉到它必须实现。如果用了激励和劝说的态度，反而使读者怀疑，这或许是一种别有作用的偏激的言论吧？现在用平静的态度来说，好像物理学书中讲述一种普遍的原理一样，那就无可怀疑了。到这里，青年应该努力奋发，以求实现憧憬中的世界，这些话不必多说，读者自能于言外得之。这些也是经过斟酌之后才决定下来的。

也许胡先生作这篇文章的当时,并没有经过这样的斟酌。在功夫纯熟的作者,原可以不必特意斟酌,写来自然适度。但是我们就文章来作研究,绝不能说这是一篇贸贸然下笔的作品。

差不多先生传

胡适

你知道中国最有名的人是谁?提起此人,人人皆晓,处处闻名,他姓差,名不多,是各省各县各村人氏。你一定见过他,一定听过别人谈起他。差不多先生的名字天天挂在大家的口头,因为他是中国全国人的代表。

差不多先生的相貌和你和我都差不多。他有一双眼睛,但看得不很清楚;有两只耳朵,但听得不很分明;有鼻子和嘴,但他对于气味和口味都不很讲究;他的脑子也不小,但他的记性却不很精明,他的思想也不很细密。

他常常说,"凡事只要差不多就好了。何必太精明呢?"

他小的时候,他妈叫他去买红糖,他买了白糖回来,他妈骂他,他摇摇头道,"红糖白糖不是差不多吗?"

他在学堂的时候,先生问他,"直隶省的西边是哪一省?"他说是陕西。先生说,"错了。是山西,不是陕西。"他说,"陕西同山西不是差不多吗?"

后来他在一个钱铺里做伙计;他也会写,也会算,只是总不会精细;十字常常写成千字,千字常常写成十字。掌柜的生气了,常常骂他,他只笑嘻嘻地赔小心道,"千字比十字只多一小撇,不是差不多吗?"

有一天,他为了一件要紧的事,要搭火车到上海去。他从从容容地走到火车站,迟了两分钟,火车已开走了,他白瞪着眼,望着远远的火车上的煤烟,摇摇头道,"只好明天再走了。今天走同明天走,也还差不多,可是火车公司未免太认真了。八点三十分开,同八点三十二分开,不是差不多吗?"他一面说,一面慢慢地走回家,心里总不很明白,为什么火车不肯等他两分钟。

有一天,他忽然得一急病,赶快叫家人去请东街的汪先生。那家人急急忙忙地跑去,一时寻不着东街汪大夫,却把西街的牛医王大夫请来了。差不多先生病在床上,知道寻错了人;但病急了,身上痛苦,心里焦急,等不得了,心里想道:"好在王大夫同汪大夫也差不多,让他试试看吧。"于是这位牛医王大夫走近床前,用医牛的法子给差不多先生治病。不上一点钟,差不多先生就一命呜呼了。

差不多先生差不多要死的时候,一口气断断续续地说道,"活人同死人也差……差……差……不多,……凡事只要……差……差……不多……就……好了,……何……何……必……太……太认真呢?"他说完了这句格言,方才绝气了。

他死后,大家都很称赞差不多先生样样事情看得破,想得通,大家都说他一生不肯认真,不肯算账,不肯计较,真是一位有德行的人;于是大家给他取个死后的法号,叫他做圆通大师。

他的名誉越传越远,越久越大。无数无数人都学他的榜样。于是人人都成了一个差不多先生。——然而中国从此就成了一个懒人国了。

　

这一回我们选一篇传记。

传记是什么?传记是记叙人物的思想和行动的文章。一篇传记中间,可以记叙一个人物,也可以记叙几个人物。所谓思想和行动,指重要的有关系的而言。譬如每天看书,零零碎碎引起一些感念,当然也算是思想。每天做事,对付了一桩又是一桩,当然也算是行动。但是这种思想和行动太琐屑了,对于人物的整个生命，关系比较的少，而且也记叙不尽这许多，所以在传记中往往不加记叙。写传记的人必须捉住足以表现其人的性格的，或者对于社会有不小的影响的那种思想和行动，写成其人的传记。正因为这样，传记虽然不是按日记载的日记，也能使读者明了人物的生平，引起"如见其人"的感想。

以上是说一般的传记。现在我选的这篇传记却有点特别，因为一般的传记记叙世间实有的人物，而这位差不多先生并不是世间实有的人物，而是作者凭自己的意象创造出来的。古今的传记中间，像这样创造出人物来写成的也有好些篇。作者写这种传记大抵寄托着一种意思；不把意思说破，让读者自己去领会，作用和"寓言"相仿。读者读了一般的传记，结果是认识了世间实有的某一个或某几个人物；读了像《差不多先生传》那样的传记，结果是领会了作者所要表达的某种意思。这是二者在效用上的不同之点。

作者为什么要创造出一位差不多先生来给他写传记呢？因为他虽则不是实有，却比实有的人物还要真实。他的"名字天天挂在大家的口头""他是中国全国人的代表"。他有一个根本思想，"凡事只要差不多就好了。何必太精明呢？"他的影响很大，使"无数无数人都学他的榜样"。这样一位有关社会的人物还不配给他写传记吗？读者读了这篇传记，当然觉得这位先生非常可笑。但是在觉得他可笑之外，不免要反问自己："他是中国全国人的代表，我也让他代表了一部分吗？无数无数人都学他的榜样，我也学了他的榜样吗？"这反问的本意自然是不愿意让他代表，不愿意学他的榜样。因为果真"人人都成了一个差不多先生"，中国非成为一个懒人国不可，不要中国成为懒人国，谁也不应该效学这位差不多先生。——这正是作者寄托在这篇传记中间的意思。可是作者对于这层意思没有提到一个字，只让读者自己去领会。

　　作者写这篇传记按照一般传记的写法，第一节记述差不多先生的姓名、籍贯，第二节记述他的相貌。这两节中已经显出了差不多先生的特点。说"是各省各县各村人氏"，见得他这位先生简直无处不存在。说"相貌和你和我都差不多"，见得他这位先生真是普通不过的角色。他的接收经验、组织思想、指挥行动的器官——眼睛、耳朵、鼻子、嘴以及脑子——都不很高明，这形成了他的"凡事只要差不多"的根本思想。以下这些动辄错误的行动也根源于此，他都根据他的根本思想给自己辩护。末了两节记述他的死后情形。"大家都说他一生不肯认真，不肯算账，不肯计较，真是一位有德行的人。""不肯认真，不肯算账，不肯计较"，正是差不多先生终身的缺点，却说他"真是一位有德行的人"，这所谓"大家"不是差不多先生的同志是什么？而"学他的榜样"的就是这批人。这见得差不多先生的影响广大，他虽然死了，他的精神还存留在社会中间。言外的意思是：谁如果不愿意做他的同志，只有努力振作，随时随地防护自己，以免沾染他的精神。

开明书店出版的《国文百八课》第一册曾经讲到这篇文章写作上的技巧，靠着这些技巧，这篇文章就有了吸引人家的力量，使读者乐于去阅读它。现在将该书的原文抄录在后面：

"这篇文章用疑问句开头，'你知道中国最有名的人是谁？'如果用'差不多先生姓差，名不多'开头也是可以的，而作者却不然，把自己知道的事情故意来问读者。"

"文章中用着许多的'差不多'，如'差不多先生的相貌和你和我都差不多''凡事只要差不多就好了''红糖白糖不是差不多吗？'之类都是。"

"文句中叠用着许多同调子的成分，如'你一定见过他，一定听过别人谈起他''他也会写，也会算''大家都称赞差不多先生样样事情看得破，想得通''大家都说他一生不肯认真，不肯算账，不肯计较'之类都是。"

"文章中用着许多对称的句子,如'人人皆晓,处处闻名''他有一双眼睛,但看得不很清楚;有两只耳朵,但听得不很分明……''十字常常写成千字,千字常常写成十字''身上痛苦,心里焦急'之类都是。"

"文章中用着许多重复的句子,如'不是差不多吗?'一句重复至四次,'凡事只要差不多就好了',一句重复两次,如'有一天'也重复地用着。"

"文章中于句调重复之中又故意加着变化,如'他有一双眼睛,但看得不很清楚;有两只耳朵,但听得不很分明',接下去是'有鼻子和嘴,但他对于气味和口味都不很讲究',再接下去是'他的脑子也不小,但他的记性却不很精明,他的思想也不很细密'之类就是。"

"文章中用着特种的言语,如'差不多先生就一命呜呼了',不说'死'而说'一命呜呼'之类就是。"

北平的洋车夫

老舍

北平的洋车夫有许多派：年轻力壮，腿脚灵利的，讲究赁漂亮的车，拉"整天儿"，爱什么时候出车与收车都有自由；拉出车来，在固定的"车口"或宅门一放，专等坐快车的主儿；弄好了，也许一下子弄个一块两块的；碰巧了，也许白耗一天，连"车份儿"也没着落，但也不在乎。这一派哥儿们的希望大概有两个：或是拉包车；或是自己买上辆车——有了自己的车，再去拉包月或散座就没大关系了，反正车是自己的。

比这一派岁数稍大的，或因身体的关系而跑得稍差点劲的，或因家庭的关系而不敢白耗一天的，大概就多数的拉八成新的车；人与车都是相当的漂亮，所以在要价儿的时候也还能保持住相当的尊严。这派的车夫，也许拉"整天"，也许拉"半天"。在后者的情形下，因为还有相当的精气神，所以无论冬天夏天总是"拉晚儿"。夜间,当然比白天需要更多的留神与本事;钱自然也多挣一些。

年纪在四十以上、二十以下的,恐怕就不易在前两派里有个地位了。他们的车破,又不敢"拉晚儿",所以只能早早的出车,希望能从清早转到午后三四点钟,拉出"车份儿"和自己的嚼谷。他们的车破,跑得慢,所以得多走路,少要钱。到瓜市、果市、菜市,去拉货物,都是他们;钱少,可是无须快跑呢。

在这里,二十岁以下的——有的从十一二岁就干这行儿——很少能到二十岁以后改变成漂亮的车夫的,因为在幼年受了伤,很难健壮起来。他们也许拉一辈子洋车,而一辈子连拉车也没出过风头。那四十以上的人,有的是已拉了十年八年的车,筋肉的衰损使他们甘居人后,他们渐渐知道早晚是一个跟头会死在马路上。他们的拉车姿式,讲价时的随机应变,走路的抄近绕远,都足以使他们想起过去的光荣,而用鼻翅儿扇着那些后起之辈。可是这点光荣丝毫不能减少将来的黑暗,他们自己也因此在擦着汗的时节常常微叹。不过,他们比较另一些四十上下岁的车夫,他们还似乎没有苦到了家。这一些是以前绝没有想到自己能与洋车发生关系,而到了生和死的界限已经不甚分明,才抄起车把来的。被撤差的巡警或校役,把本钱吃光的小贩,或是失业的工匠,到了卖无可卖、当无可当的时候，咬着牙，含着泪，上了这条到死亡之路。这些人，生命最鲜壮的时期已经卖掉，现在再把窝窝头变成的血汗滴在马路上。没有力气，没有经验，没有朋友，就是在同行的当中也得不到好气儿。他们拉最破的车，皮带不定一天泄多少次数；一边拉着人一边儿央求人家原谅。虽然十五个大铜子儿已经算是甜买卖。

此外，因环境与知识的特异，又使一部分车夫另成派别。生于西苑海甸的自然以走西山、燕京、清华，比较方便；同样，在安定门外的走清河、北苑；在永定门外的走南苑……这是跑长趟的，不愿拉零座；因为拉一趟便是一趟，不屑于三五个铜子的穷凑了。可是他们还不如东交民巷的车夫的气儿长，这些专拉洋买卖的讲究一气儿由东交民巷拉到玉泉山、颐和园或西山。气儿长也还算小事，一般车夫万不能争这项生意的原因，大半还是因为这些吃洋饭的有点与众不同的知识，他们会些外国话。英国兵，法国兵，所说的万寿山，雍和宫，"八大胡同"，他们都晓得。他们自己有一套外国话，不传授给别人。他们的跑法也特别，四六步儿不快不慢，低着头，目不旁视的，贴着马路边儿走，带出与世无争，而自有专长的神气。因为拉着洋人，他们可以不穿号坎，而一律的是长袖小白褂，白的或黑的裤子，裤筒特别肥，脚腕上系着细带；脚上是宽双脸千层底青布鞋；干净，利落，神气。一见这样的服装，别的车夫不会再过来争座与赛车，他们似乎是属于另一行业的。

这篇文章是从老舍先生发表的长篇小说《骆驼祥子》第一章节取来的，《北平的洋车夫》是我给它加上的题目。

读者诸君试把这篇文章念几遍，就会感觉到老舍先生的文章别有风格，和许多作者的文章不同。说起文章的风格，好像是带点儿玄妙意味的事情。其实不然。就一个人来说，言语、举动虽然和许多人大体相同，可是总有着"小异"之点，待人接物也有他的态度和方法。把这些综合起来，人家对他就有更深切的认识，不仅是声音，是面貌，凡是一言一动，都觉得印着他的标记：这是这一个人而不是其他的人。这样的认识可以说是认识了这个人的风格，而不只认识了这个人的外形。文章的风格、情形恰正相同，所以并不玄妙。

老舍先生文章的风格，第一，从尽量利用口头语言这一点上显示出来。现在虽然大家在写语体文，真能把口头语言写得纯粹的还是不多。字眼的选择，多数人往往随便对付，在口头语言里找不到相当的字眼，就用文言的字眼凑上。至于语句的调子，或者依傍文言，或者根据一些"硬译"的译本，或者自己杜撰一下。总之，口头语言里所没有的那种调子，现在的语体文里常常可以遇见。这样的文章，看看当然也可以理会其中讲的是什么，然而缺少明快、简洁，不能显出自然之美。老舍先生特别注意到这方面。他有一篇题目是《我不肯求救于文言》的文章，说明他用功的经验。现在抄录一节在这里：

  我不求文字雅，而求其有力量，活动，响亮。我的方法是在下笔之前，不只想一句，而是想好了好几句；这几句要是顺当，便留着；否则重新写过。我不多推敲一句里的字眼，而注意一段一节的气势与声音，和这一段一节所要表现的意思是否由句子的排列而正确显明。这样，文字的雅不雅已不成问题；我要的是言语的自然之美。写完一大段，我读一遍，给自己或别人听。修改，差不多都在音节与意思上，不专为一半个字费心血。

  看了这一节，可以知道他是从纯粹的口头语言出发。再进一步，在气势与声音上，在表现意思是否正确显明上费心血，使文章不仅是口头语言而且是精粹的口头语言。这就成为他的风格。他说"我不多推敲一句里的字眼"，这并不是随便对付的意思。他注意到整句的排列，整句排列得妥帖、适当，其中每一个字眼当然是妥帖、适当的了。过分在一两个字眼上推敲，往往会弄成纤巧，不自然。在一段一节上用功夫，正是所谓"大处落墨"的办法。

老舍先生文章的风格，又从幽默的趣味显示出来。幽默是什么，文艺理论家可以写成大部的书，我们且不去管它。一般人往往以为幽默就是说俏皮话，嘻嘻哈哈，乱扯一顿，要不就是讽刺，对人生对社会来一阵笑骂和嘲弄。这却无论如何是一种误会，幽默绝非如此。老舍先生有一篇《谈幽默》，其中说：

它表现着心怀宽大。一个会笑而且能笑的人，绝不会为件小事而急躁怀恨。褊狭，自是，是"四海兄弟"这个理想的大障碍；幽默专治此病。嬉皮笑脸并非幽默，和颜悦色，心宽气朗，才是幽默。一个幽默写家对于世事，如入异国观光，事事有趣。他指出世人愚笨可怜，也指出那可爱的古怪地点。

咱们不妨说这是老舍先生的幽默观。这样的幽默非常可贵，不只是"笑"，不只是"事事有趣"，从"心怀宽大"这一点更可以达到悲天悯人的境界。就像以下的几句话："那四十以上的人,有的是已拉了十年八年的车,筋肉的衰损使他们甘居人后,他们渐渐知道早晚是一个跟头会死在马路上。他们的拉车姿式,讲价时的随机应变,走路的抄近绕远,都足以使他们想起过去的光荣,而用鼻翅儿扇着那些后起之辈。可是这点光荣丝毫不能减少将来的黑暗,他们自己也因此在擦着汗的时节常常微叹。"这里头透着幽默,然而多么温厚啊。

　　对于这篇文章,这里不必多说,读者诸君看了自然能够完全明白。这里只想教读者诸君理会这位作者文章的风格。每个成熟的作者有他特具的风格。阅读文章可以从种种方面着眼,理会风格也是其中的一方面。

包身工

夏衍

她们正式的集合名称却是"包身工"。她们的身体,已经以一种奇妙的方式,包给了叫做"带工"的老板。每年——特别是水荒旱荒的时候,这些在东洋厂里有"脚路"的带工,就亲身或者派人到他们家乡或者灾荒区域,用他们多年熟练了的可以将一根稻草讲成金条的嘴巴,去游说那些无力"饲养"可又不忍让他们的儿女饿死的同乡。

——还用说,住的是洋式的公司房子,吃的是鱼肉荤腥,一个月休息两天,咱们带着到马路上去玩耍,嘿,几十层楼的高房子,两层楼的汽车,各种各样,好看好玩的外国东西,老乡!人生一世,你也得去见识一下啊。

——做满三年,以后赚的钱就归你啦,块把钱一天的工钱,嘿,别人跟我叩了头也不替她写进去!咱们是同乡,有交情。

——交给我带去,有什么三差二错,我还能归家乡吗?

这样说着,咬着草根树皮的女孩子可不必说,就是她们的父母,也会怨悔自己没有跟去享福的福分了。于是,在预备好了的"包身契"上画上一个十字,包身费大洋廿元,期限三年,三年之内,由带工的供给住食,介绍工作,赚钱归带工者收用,生死疾病,一听天命,先付包洋十元,人银两交,"恐后无凭,立此包身契据是实!"

……十一年前内外棉的顾正红事件,尤其是五年前的"一·二八"战争之后,东洋厂家对于这种特殊的廉价"机器"的需要突然的增加起来,据说,这是一种极合经营原则和经济原则的方法。有括弧的机器,终究还是血和肉构成起来的人类。所以当他们忍耐的最大限度超过了的时候,他们往往会很自然的想起一种久已遗忘了的人类所该有的力量。有时候愚蠢的奴隶会理会到一束箭折不断的理论,再消极一点他们也还可以拼着饿死不干。产业工人的"流动性",这是近代工业经营最嫌恶的条件,但是,他们是绝不肯追寻造成"流动性"的根源的。一个有殖民地人事经验的"温情主义者"在一本著作的序文上说:"在这次争议(五卅)里面,警察力没有任何的威权。在民众的结合力前面，什么权力都是不中用了！"可是，结论呢？用温情主义吗？不，不！他们所采用的，只是用廉价而没有"结合力"的"包身工"来替代"外头工人"的方法。

第一，包身工的身体是属于带工的老板的，所以她们根本就没有"做"或者"不做"的自由，她们每天的工资就是老板的利润，所以即使在生病的时候，老板也会很可靠地替厂家服务，用拳头，棍棒，或者冷水来强制她们去做工作。

第二，包身工都是新从乡下出来，而且她们大半都是老板的乡邻，这一点，在"管理"上是极有利的条件。厂家除出在工房周围造一条围墙，门房里置一个请愿警，和门外钉一块"工房重地，闲人莫入"的木牌，使这些"乡下小姑娘"和别的世界隔绝之外，完全的将管理权交给了带工的老板。这样，早晨五点钟由打杂的或者老板自己送进工场，晚上六点钟接领回来，她们就永没有和"外头人"接触的机会。所以包身工是一种"罐装了的劳动力"，可以"安全地"保藏，自由地取用，绝没有因为和空气接触而起变化的危险。

第三，那当然是工价的低廉；包身工由"带工"带进厂里，于是她们的集合名词又变了，在厂方，她们叫做"试验工"和"养成工"两种，试验工的期间表示了厂家在试验你有没有工作的能力，养成工的期间那就表示了准备将一个"生手"养成为一个"熟手"。最初的工钱是每天十二小时，大洋一角乃至一角五分，最初的工作范围是不需要任何技术的扫地、开花衣、扛原棉、松花衣之类，一两个礼拜之后就调到钢丝车间、条子间、粗纱间去工作。在这种工厂所有者的本国，拆包间、弹花间、钢丝车间的工作，通例是男工做的；可是在殖民地不必顾虑到社会的纠纷和官厅的监督，就将这种不是女性所能担任的工作加到工资不及男工三分之一的包身工们身上去了。

  这次选读的这篇文章见于《光明》的创刊号。全文很长，只能摘取一部分。这一部分也可以自成起讫，不妨看作独立的一篇。读者诸君要看全文，可以去找《光明》。

  这一类文章，大家称为"报告文学"。这是一个外来的名词。意思是说它的作用在向大众报告一些什么，而它的本身又是文学。报告一些什么的文章，咱们见得很多。开工厂，设公司，就有营业报告书；派人员办调查，就有调查报告书。这种文章，就文体说，归到"应用文"的门类里去。应用文当中，有好些纯公式的东西，如契据、公函、报告书之类，和文学根本是两路。

然而报告文学却叫报告书和文学结了婚。应用文的报告书，一般读者往往懒得看下去，因为不看下去也会知道无非这一套。报告文学可不然，读者像被吸引住了一般，总想一直看下去，知道它的究竟。读者诸君看见了《包身工》的题目，不是绝不肯把它放过，一定要知道这是怎样的一种工人，以及这种工人在怎样的条件之下产生出来的吗？

报告书和报告文学所以有这样的不同，大概由于写作动机的不同。应用文的报告书，写作动机在应付事务上的必需。开股东会必得有营业报告书，出去调查回来必得有调查报告书。这样的报告书往往用公式去应付，或者分列一、二、三、四等项目，或者定下"关于什么""关于什么"等小标题，好比填写表格，只要在每一格里填写上了就完事。

报告文学的写作动机不同，不是事务上的应付。作者对于社会中某一方面的情形非常熟悉，而这一方面的情形不只是几个人的身边琐事，而是有关于社会全体的大事。一种强烈的欲望激动着他，必须把他所熟悉的一五一十告诉大众才行，不然就像在饥饿的人群中间私自藏下多余的饭，是不可饶恕的自私的行为。于是他提起笔来。他站在大众的客观的立场，视野广大，见得周到，把捉到的都是真实情况。

报告文学本身是文学，而应用文的报告书不是。像在这篇《包身工》里面，叙述那些"带工"到家乡或者灾荒区域去游说的那一段，叙述日本的那个"温情主义者"文章写的是一套，实际采用的又是另一套的那一段，就是两段出色的文章。前一段写那批口蜜腹剑的家伙，让读者如闻其声。后一段写"温情主义者"在实际上抛开了"温情主义"，引起读者许多回味。说那些"带工"的嘴巴是"可以将一根稻草讲成金条的嘴巴"，说那些"包身工"是"'罐装了的劳动力'，可以'安全地'保藏，自由地取用，绝没有因为和空气接触而起变化的危险"，都是很好的文学手法。在应用文的报告书里不会有这样的手法。

　　读者诸君喜欢执笔作文。写什么呢？与其写一些空泛的议论，不如写一些亲身经历。所以，议论怎样推行新生活，怎样使国家强盛起来，不如叙述曾经经历过的某一桩事情，不如抒写对于本乡本镇的感情。这些还只是限于个人方面。如果能够推广开来，把自己所熟悉的社会中某一方面的情形作为写作材料，那就更有意义了。读者诸君不妨向报告文学方面去试试。

写给上海学生请愿团的一封公开信

俞庆棠

二十六早上八时,我恰巧在车站左近。连日报上记载你们的行动,已有相当的刺激,一听到你们到锡站了,我立刻兴奋起来。车站的附近已经戒严了,只看见三三两两的同学下车买报。我遇到一位无锡的复旦同学。我们的问答:

问　你们从上海到无锡,已走了三天三夜,大概很辛苦了吧?

答　我们吃的苦,不一定是你们能想象的,我们还要前进!

问　你们三天当中吃的粮食够不够呢?

答　我们昨天每人吃了三个极小的小面包,早上、中午和晚上各一个。

问　你府上是无锡吗?下来干什么呢?

答　因为我是无锡人,熟一点,所以同学们托我买些明信片等零星东西。

我看见路旁一位女士询问学生:"你们饮水也很成问题了吗?"学生说:"当然。"她就拿出五元的一张钞票交给几个学生,请学生买些水果分给同学。几个同学都双手摈谢说:"你要买东西请你自己去买了送来,我们不能受你的钱。"这位女士说:"我有事,我来不及了,拜托你们代买吧。"学生询问她姓氏,坚不肯说。再三地问,仅云:"我是参加五四运动的一分子。"她就跑开了。诸位同学,这件小小的事,我有两点感想:一、你们的同学何等清高廉洁!廉洁当然是我们应有的人格。因为我们常常看见榨取大众的人们榨取到"石子里打不出油"的时候,还是"杀人不觉血腥气"地榨取,真像欲壑难填的饕餮。对你们清高的同学,哪得不肃然起敬呢!二、现在衮衮诸公中很多人都参加过五四运动、"三一八"运动、"五卅惨案"的,希望他们赶快站起来和现在的学生携手,一致参加救国运动。

这天上午十时左右就有很多人来慰劳你们。我和几个朋友又第二次上车站来看你们。因为我们的请求,你们的同学某君向我报告这三天的经过。诸位亲爱的同学,你们冲过了闸北铁丝网,你们经过了不断的挣扎,不断的努力,到底登了车。你们开到了青阳港,因受骗而车子停了。你们的司机者也飞跑了。你们好容易在旁的火车头上寻到了一个司机者,火车再向前进行,一方面忍心害理的人妨碍交通,把你们的火车轨道拆毁,一方面有你们思想机警行动敏捷的同学,自己摇了手掀车压道,所以火车没有出轨。你们四处找寻拆断的轨道寻不到。不得已四野寻了几个工人,再加上和同学自己的劳力,共同把车子后面的轨道拆补前面的轨道。好容易车子又前进。你们的司机者哭起来了,他说:"你们倘要我开车向前,我非被枪毙不可,我还有我的家呢。"你们因一念之仁,竟会放他走的,诸位同学,你们自己不怕牺牲,为什么不忍人家的牺牲呢?你们自己顾不到家长的担忧,为什么怜惜到司机者的家属呢?你们的精神太伟大了。你们放走司机者竟自己来开车。然而你们的车子走不到多时,前面又有很长的轨道被拆毁了。你们在黑夜里四处地找,哪里有一点影子!漫天漫地的大雪也露着惨白的愁容。"有志者事竟成",你们忽而发现一段轨道露在小河的面上。你们十几位同学,在这冰天雪地之中,向着小河一跃而下,把几段铁轨都扛了起来。谁说都市的青年只会享乐不能劳作?遇着救国的运动,你们的力气自然放出来了!你们有了轨道没有螺丝钉,你们赤了脚在冰一般冷的水泥沟里去寻螺丝钉,寻着一个是一个。你们大家出力的结果。毕竟把很长的轨道修好了。那班拆毁轨道抛掉螺丝钉的苦力们，对你们真应该受良心的责备，然而他们也不过"服从命令"而已。我们看见车上有几个年龄很小的同学，就问你们："年幼的同学旅行不太辛苦了吗？"你们的代表说："我们有职务的人和年长的同学，虽然座位不够，半夜里我们情愿站着，让年幼的同学可以躺一会。至于每天吃三个小面包，我们先发给年幼的同学和一般同学；东西不够分配时，我们有职务的人就少吃一些。"诸位同学，你们这样大公无私、先人后己的精神，怎能不引起大众的同情和钦敬！

一九三五年十二月二十三日，上海学生为响应北平学生的救亡运动，准备乘京沪火车到南京去请愿。他们遇到种种的障碍，绝不退缩，只是坚苦地奋斗，直到二十六日才到达无锡。但是终于在宪兵的"护送"之下，火车向东开，回到了上海。南京是没有去成功。俞女士这封信的题目叫作《写给上海学生请愿团的一封公开信》，登在《大众生活》第九期里，全文很长，通体记叙她在无锡眼见耳闻的关于这事件的种种情形，加上她当时发生的种种感想，末了她表示她对学生有三点希望：一、力求救国更有效的方法；二、组织严密；三、为大众谋利益，为民族求解放。《新少年》篇幅有限，不能把全信刊载出来，只能摘录两节同读者谈谈。读者如果要看全文，可以去找《大众生活》。

信是写给请愿学生的，请愿学生对于自己干过的事情岂有不知道的道理，为什么要把这些事记叙在里头呢？回答是这样：第一，作者要告诉学生的是她的感想，但是单写感想，就让人觉得突兀，没有根据，所以非把引起感想的逐件逐件的事记叙明白不可——发挥感想是主，记叙事件是宾。第二，这回准备到南京去的学生有几千人，有许多事件只有少数人知道，多数人未必知道（譬如一位女士捐五块钱给几个同学，几个同学拒绝受钱，这一件事，几千人就未必个个知道），现在记叙在这封公开信里，就能让大家都知道了。第三，公开信的读者，除了受信人请愿学生以外，还有非请愿学生的全国大众，把眼见耳闻的种种情形记叙在信里头，就是对全国大众尽了报告的责任。

写这样的一封信，可以有几种不同的态度。激昂慷慨，感情激发，甚而至于谩骂：这是一种态度。叙事说理，完全理智，像法官下判词那样严谨：这是一种态度。并不遏抑感情，但是也不让感情过分放纵，对于该受责备的人给他责备，但责备里头含着宽恕的心情和深切的期望：这又是一种态度。读者试看作者写这一封信取的是哪一种态度？想来谁都可以看得出，她取的是最后一种态度。咱们不能说最后一种态度最正当，其他两种态度都不行。因为动笔写文章，同开口说话一样，得看作者当时的心情和那事件的关系，要骂的时候自然不妨骂，该严谨的时候也不必故意做得不严谨，这都是所谓"求诚"，是写作者的基本品德。可是取了最后一种态度写出来的文章，它的力量比较深厚，叫人家看了之后还要去细辨那没有说尽的意思，因而受它感动。这情形好比用文火炖，里面同外面一样地酥软，不像用烈火炒的东西那样，外熟里不熟。咱们读了这一封信就有这么一种感觉：只觉得作者怀着一颗热烈的心，那心的跳动绝不比请愿学生弱一分一毫，但是她却把它按捺住了，只用一些平淡的语言表达出来；语言越平淡，越是耐人寻味，于是使我们受到了深切的感动。

这里摘录的两节，一节记叙一位女士捐赠五块钱，一节记叙请愿学生修路开车，如果要加上夸张的形容，是有许多话可以说的。可是作者并不加上夸张的形容，单只按照事实写下来，因为事实本身就是顶动人的资料，再加上形容反而见得多余了。我们读到"学生询问她姓氏，坚不肯说。再三地问，仅云：'我是参加五四运动的一分子。'她就跑开了"，以及"你们有了轨道没有螺丝钉，你们赤了脚在冰一般冷的水泥沟里去寻螺丝钉，寻着一个是一个。你们大家出力的结果，毕竟把很长的轨道修好了"。谁能不引起深长的感想？再看作者抒发她的感想的部分。在前一节的"二"项里，她说"现在衮衮诸公中有很多人都参加过五四运动、'三一八'运动、'五卅惨案'的，希望他们赶快站起来和现在的学生携手，一致参加救国运动"。希望他们站起来，可见他们还没有站起来。还没有站起来而不加责备，只希望他们赶快站起来，这就是宽恕。所谓"他们"看见了，大概会感到惭愧，因而想站起来振作一下的。在后一节里，"那班拆毁轨道抛掉螺丝钉的苦力们，对你们真应该受良心的责备，然而他们也不过'服从命令'而已"。这又是宽恕。作者哪里真要责备那班苦力呢？不想责备苦力而终于责备了苦力，责备之后又为他们开脱，说他们也不过"服从命令"而已：这使真该受责备而并没受到责备的人看了之后，将要羞愧万分，无地自容。她的所以如此，无非因为对于所谓"他们"和那些真该受责备的人怀着深切的期望：她要他们从感愧转到奋发，不再做救国运动的障碍，而和现在的学生携手，一致努力于争求民族解放的工作。

《杨柳风》序

尤炳圻

先介绍几位书里的人物:

土拨鼠永远是一个心与物冲突的角色。一开场他便被弥满在空中地底和他的四周的"春"诱出了家园,弃掷了正在粉墙的手中的刷子。其后,他满心想钻进癞施的新奇的淡黄马车,然而又不愿叛逆他的好友——水耗子。明明知道自己的家破旧不堪,羞对故人,却又舍不得离开。跟土獾等玩了一上午,回来见了受罪中的癞施,却唯有他忐忑不安。敌不过外界的物质的诱惑,却又没有勇气跳出自己的圈子。结果永远是在十字路口徘徊、悲哀、苦恼。永远显得低能、脆弱。

癞施,这是最能吸引读者的一位。能够毅然摆脱一切,去追求每一种新的官能的刺激,是一个个人主义的象征。他的信仰是快乐,他的幻境是美。他的兴趣永远是流动的,在强迫人家都到他的"船屋"里去住,而且宣言将在船上度其余生之后不久便把废船堆齐了屋顶，玩起黄色马车来了。这会他以为实在是从开天辟地造车以来，一辆顶顶精致的车了，连一个例外也没有！不料又在一个紧张的场面里爱上了欺负他的汽车。然而他虽然随时随地想求热情的奔放，却随时随地都要受到意外的阻遏。虽说是意外，却自然也便在"我们的"情理之中。像做梦一样，他开动了汽车，然而马上来了"窃盗""妨害公安"和"违警"，因为有法律。他以为看监的女儿对他种种的好意，便是爱上了他，哪里明白社会地位和身份的迥然不同！他在收回故居、逐出敌人的欢欣之余，本可以对来宾唱歌赋诗，然而跳出了绅士制度和传统习惯。结果，他不能不长叹一声"冷酷"，而伏倒在那些重缠叠架的铁链索之下了。

这一些心物的斗争，人我的冲突，实在是希腊悲剧的最高题材，而被格莱亨氏用十九世纪末的背景，和致密锐利的心理分析的手法写出来了。

对于书里每一个动物，原作者均赋予一种同情了，甚至强占癞施堂的黄鼠狼和黄鼬子。然而只有对土獾不是如此。从文字表面上看，似乎土獾在众兽中最清高慈爱，最值得敬重。然而实际上却无处不写他的卑鄙、虚伪、自私和阴险。他绝没有癞施的质实和热情，也没有土拨鼠的婉和及谦让，更缺乏耗子的勤作。却兼有他们的固执、懒惰、贪馋，再加上他自己特有的沽名钓誉的劣点，成为一个到处占便宜、到处受尊崇的臭绅士，然而他自己却还总自居于真隐士之流。一天到晚打听人家的阴私事情，却偏又卜居于幽迹林的正中心。妙在写得一点痕迹都没有，过于老实或不小心的读者也许始终还认土獾做好人。正如大部分的人不能辨别一个真正生活在我们周围的"伪君子"一样。能写一个曹操，或者一个秦桧，那算不得什么成功。

除此之外，书里每一个动物，都各自有他的不可磨灭的生命。而且和我们是那么亲切。根据格莱亨的书而作"癞施堂的癞施"的密伦在他的书序中提到了土拨鼠说："有时候我们该把他想做真的土拨鼠。有时候是穿着人的衣服。有时候是同人一样的大。有时候用两只脚走路。有时候是四只脚。他是一个土拨鼠。他不是一个土拨鼠。他是什么！我不知道。而且，因为不是一个认真的人，我并不介意。"

我们分析了半天书里的人物，其实在原作者，也许根本没有象征的心，自然创造我们这些"各如其面"的不同的人类，何尝具半点成见呢。所以有些批评家正赞誉《杨柳风》为一部最不加雕琢的妙书。这种不雕琢，便是指着炉火纯青的渐近自然了。书里所描写的，一样有友情，有智慧，有嫉妒，有欺骗，有骄妄，有夸大，有冷酷,有自负。然而,却又是写实而不是写实,是讽刺而不是讽刺,是幽默而不是幽默。正如我们鉴赏罗丹的画,是力而不是力,是筋肉而不是筋肉。

最使我们读了不忍放下的,是因为这本小书不独是篇有趣的童话,而且是篇顶曲折的小说,而且是篇极美丽的散文——尤其因为他是一首最和谐的长诗。古河、水闸、杨柳堤这一些是不待说了,即使一片荒枝旷野,半弯残月疏星,也写得那么绮丽动人。甚至于一杆烟袋,一盏牛角灯,也都带了抒情的趣致。童心本来是诗国,童话本应似诗境。然而真能将童话化成诗境的,除格莱亨外能有几人呢?

读一本书,如果那本书有图画,喜欢新鲜趣味的少年读者往往先翻看图画,直到看过末了一幅,才回过头去开始读文字。但是有经验的读者(他更喜欢新鲜趣味)却另有门径:他先阅读卷首的序文。因为序文讲的是这本书的大概,或者点明它的意义,或者指出它的好处。读了序文,对这本书就有了大体的认识,然后阅读正文,就见得头绪清楚,容易理解。读书先看序文是一种良好的习惯,每一个少年必须养成这种良好的习惯。

序文有由作者自己写的,有由他人为作者的书写的。作者自己写的序文,无非说明写作的动机以及希望得到的效果，材料的来源以及用怎样的手法来组织成书等等。这些话是写不进正文里去的，但是必须说一说，说了之后，作者与读者之间更能沟通，对于读者领会这本书有不少的帮助，所以放在序文中说。他人为作者的书写的序文，往往说明对于这本书的见解，或者剖析它的要旨和艺术，或者批评它的意义和影响，说话常取介绍的态度。读者固然不必完全信从介绍者的话，可是有了这么一番话作为参考材料，总比独个儿去探索有靠傍。所以序文的这种价值是读者不可忽视的。

有一些作者在自序中只说一番谦逊的话，什么材料怎样怎样不完备哩，意义怎样怎样平凡浅近哩，手法怎样怎样卑卑不足道哩，除此以外，再没有别的。有一些他人所写的序文只说一番不着边际的赞美话，什么材料丰富哩，意义深远哩，手法超妙哩，搬出许多形容词来叫人家觉得仿佛看见了商店的广告。这样的序文大可不写。作者既然觉得自己样样都不行，那么写书根本就是多事了，何必在多事之外再来一个多事，写这样的序文？至于滥用赞美的词语，更是无聊的勾当。你去游了一处山水，回来告诉人家说："那儿美丽呀！美丽呀！"你即使说上一百个"美丽"，人家还是个莫名其妙，其实等于没有说。作序文也是同样情形，如果你只能说一些不着边际的赞美的话，就大可不写，读者也大可不读。

这回我选的是尤炳圻先生为他自己翻译的《杨柳风》所写的序文。《杨柳风》是英国格莱亨的童话。尤先生把它翻译了出来,在这篇序文中说出了他对于这部童话的见解,还介绍了格莱亨的生平。因为篇幅比较长,这里略去了序文的后一部分。我觉得《杨柳风》这部童话很适于一般少年阅读,借此把它介绍给读者诸君。更因为这篇序文不是漫然写成的东西,而是把原书仔细咀嚼之后得到的一点见解,能使读者不仅知道这本书的大概,并且品味这本书的精蕴。所以我乐于把它介绍给读者诸君,作为值得一读的序文的例子。

看了这篇序文,《杨柳风》中讲些什么故事大略可以知道了。土拨鼠出了家园去做些什么,癞施凭着兴味怎样去冒险,癞施堂是给谁强占了的,土獾采取什么态度过他的生活,乃至书中的"布景"和"道具"等等,在序文中都提到了。所有这些,读者读罢全书自然也会知道。但是序文中的其他的话却是在书中看不到的。序文的大部分是分析书中人物的心理的话,而书中只是描写各个人物的行动和言谈,绝没有一句话说明"这显示出该人物的某种心理"。不善于读书的读者往往只见故事,而忽略了作者所以要这样描写的苦心,所以负着介绍责任的译者就有在序文中特别加以说明的必要。读者看了说明，再去看书中的描写，就觉得虽是微细的一枝一节，都有一条线索贯穿着，那就是各个人物的性格。像这样心中有了数，当然比茫然看下去有兴味得多，也有益处得多。

　　这篇序文中说："我们分析了半天书里的人物，其实在原作者，也许根本没有象征的心。"这一段不是闲话，而是诚实地表示了作序者的态度。原作者并没有告诉作序者，作序者怎么能说原作者一定是这样的意思呢？有了这一段，才见得这样分析原只是作序者的见解而已。但是他的见解有助于读者的领会，所以值得写在序文之中。

杜威博士生日演说词

蔡元培

今日是北京教育界四团体公祝杜威博士六十岁生日晚餐会。我以代表北京大学的资格,得与此会,深为庆幸。我所最先感想的,就是博士与孔子同一日生。这种时间的偶合,在科学上没有什么关系。但正值博士留滞我国的时候,我们发现这相同的一点,我们心理上不能不有特别的感想。

博士不是在我们大学说,现今大学的责任就在给东西文明做媒人吗?又不是说博士也很愿分负此媒人的责任吗?博士的生日,刚是第六十次;孔子的生日,已经过二千四百七十次,就是四十一个六十次又加十次。新旧的距离很远了。博士的哲学,用十九世纪的科学作根据,由孔德的实证哲学,达尔文的进化论,詹美士的实用主义递演而成的,我们敢认为西洋新文明的代表。孔子的哲学,虽不能包括中国文明的全部,却可以代表一大部分，我们现在暂认为中国旧文明的代表。孔子说尊王，博士说平民主义；孔子说女子难养，博士说男女平权；孔子说述而不作，博士说创造。这都是根本不同的。因为孔子所处的地位时期，与博士所处的地位时期，截然不同，我们不能怪他。但我们既然认旧的亦是文明，要在他里面寻出与现代科学精神不相冲突的，非不可能。即以教育而论，孔子是中国第一个平民教育家。他的三千个弟子，有狂的，有狷的，有愚的，有鲁的，有辟的，有喭的，有富的如子贡，有贫的如原宪，所以东郭子思说他太杂。这是他破除阶级的教育主义。他的教育用礼、乐、射、御、书、数的六艺作普通学；用德行、政治、言语、文学的四科作专门学。照《论语》所记的，问仁的有若干，他的答语不一样；问政的有若干，他的答语也不是一样。这叫做是"因材施教"。可见他的教育，是重在发展个性，适应社会，绝不是拘泥形式，专讲划一的。孔子说："学而不思则罔，思而不学则殆。"这就是经验与思想并重的意义。他说："多闻阙疑，慎言其余，多见阙殆，慎行其余。"这就是试验的意义。我觉得孔子的理想与杜威博士的学说很有相同之点。这就是东西文明要媒合的证据了。但媒合的方法，必先要领得西洋科学的精神，然后用他来整理中国的旧学说，才能发生一种新义。如墨子的名学，不是曾经研究西洋名学的胡适君，不能看得十分透彻，就是证据。孔子的人生哲学与教育学，不是曾经研究西洋人生哲学与教育学的，也绝不能十分透彻，可以适用于今日的中国。所以我们觉得返忆旧文明的兴会，不及欢迎新文明的浓至。因而对于杜威博士的生日，觉得比较那尚友古人尤为亲切。自今以后，孔子生日的纪念，再加了几次或几十次，孔子已经没有自身活动的表示；一般治孔学的人，是否于社会上有点贡献，是一个问题。博士的生日，加了几次以至几十次，博士不绝的创造，对于社会上必更有多大的贡献。这是我们用博士已往的历史可以推想而知的。并且我们作孔子生日的纪念，与孔子没有直接的关系；我们作博士生日的庆祝，还可以直接请博士赐教。所以对于博士的生日，我们觉得尤为亲切一点。我敬敢代表北京大学全体举一觞，祝杜威博士万岁！

这一回选录蔡元培先生的一篇演说词，是庆祝杜威博士六十岁生日的。社会上逢到喜庆或哀悼，往往要请人即席演说，还有各种的集会，主席者需要致开会词和闭会词。这种举动都属于仪式的范围，这些演说词写在纸上面就是所谓仪式的文章。蔡先生的这一篇就是仪式的文章的例子。

仪式的文章在写作动机上，和其他文章有不同之点。普通文章大都是主动的。作者有了某一种意思某一种感情，要把它表达出来，抒发出来，才提笔写文章。没有什么意思和感情就不用写文章。仪式的文章却是被动的。你既然处在这个场合中，譬如说，在喜庆或哀悼的集会上，人家推举你演说，或者参加一会儿集会，你被推为主席，即使没有什么意思和感情，你也非开口不可，非提起笔来写演说词稿不可。

依通常说法，作文章要"言之有物"。写仪式的文章既然是被动的，就不免要"无中生有"。在经验丰富的人，即使"无中生有"，也可以写成很好的文章，他的一些意思是平时积聚在那里的，只是临时加以组织加以配合罢了，可以做到不露一点儿牵强的痕迹，和主动地作文章并无二致。所以，平时的积聚很重要，没有什么意思积聚在那里，"无中"绝"生"不出"有"来。

仪式的文章如果没有什么意思，好一点的也只是语言文字的游戏，坏一点的简直成为不相干的许多语句的勉强集合，那是最要不得的。但是那样的东西，我们见得并不少。翻开报纸来看那些集会中演说词的记录，大都堆砌一些套语，浮浅空泛，使人感觉那绝不是"由衷之言"，而是从作者的嘴唇边、笔尖上滚下来的，徒然使听众和读者发生厌倦。

意思有了，可是和当时的情境不相称，也不能算作好的仪式文章。譬如，在朋友们举办的一个同乐会中致辞，发挥关于民族国家的大道理，在一个寻常人的追悼会中演说，说他的死亡是社会莫大的损失，这就是和当时的情景不相称的例子。听众不欢喜这种浮而不实的言辞，听了就要摇头了。所以，仪式的文章不是可以随便敷衍的。第一，要有意思。第二，必须切合当时的情境。

蔡先生这一篇庆祝杜威博士六十岁生日的演说，从"博士与孔子同一日生"说起。如果仅有这一点，也不成其为意思，博士与孔子同一日生又怎么样呢？蔡先生把这一点作为引子，说到博士很愿意担负给东西文明做媒人的责任，又认博士的哲学为西洋新文明的代表，孔子的哲学为中国旧文明的代表，更从博士与孔子的学说，指出彼此相同之点，然后说到媒合东西文明的方法：这些才是确有价值的意思。如果庆祝另外一个人生日，或者是一位建筑家，或者是一位实业家，那么这些意思完全和当时的情境不相称，简直可以说是笑话。而杜威博士是当代哲学界的权威，对于教育，他有着他的主义，把他和哲学家、教育家的孔子相提并论，不嫌夸张过当。所以，在公祝杜威博士生日的场合里发挥这些意思，是切合当时的情境的。末了说到给博士作庆祝比给孔子作纪念尤其觉得亲切,自是颂扬的话,然而也未始不是实感。

　　这篇文章里有一些词儿和语句,读者诸君或许不尽能了解。因为篇幅有限,这里不能逐一加上注释。希望诸君自己去翻查辞典,或者去请教近旁可以帮助诸君的人。

辰州途中

沈从文

小船去辰州还约三十里,两岸山头已较小,不再壁立拔峰,渐渐成为一堆堆黛色与浅绿相间的丘阜。山势既较和平,河水也温和多了。两岸人家渐渐越来越多,随处皆可以见到毛竹林。山头已无雪,虽尚不出太阳,气候干冷,天气倒明明朗朗。小船顺风张帆向上流走去时,似乎异常稳定。

但小船今天至少还得上三个滩与一个长长的急流。

大约九点钟时小船到了第一个长滩脚下了。白浪从船旁跑过快如奔马,在惊心炫目情形中,小船居然上了滩,小船上滩照例并不如何困难,大船可不同了一点。滩头上就有四只大船斜卧在白浪中大石上,毫无出险的希望,其中一只货船大致还是昨天才坏事的,只见许多水手在石滩上搭了棚子住下,且摊晒了许多被水浸湿的货物。正当我那只小船上完第一滩时,却见一只大船正搁浅在滩头激流里。只见一个水手赤裸着全身向水中跳去,想在水中用肩背之力使船只活动。可是人一下水后,就即刻为水带走了。在浪声哮吼里,尚听到岸上人沿岸喊着,水中那一个大约也回答着一些遗嘱之类,过一会,人便不见了。这个滩共有九段。这件事从船上人看来可太平常了。

小船上第二段时,河流已随山势屈折,再不能张帆取风。我担心这小小船只的安全问题,就向掌船水手提议,增加一个临时纤手,钱由我出。得到了他的同意,一个老头子,牙齿已脱,白须满腮,却如古罗马人那样健壮,光着手脚蹲在河边那个大青石上讲生意来了。两方面皆大声嚷着而且辱骂着,一个要一千,一个却只出九百,相差那一百钱合银洋约一分一厘。那方面既坚持非一千文不出卖这点力气,这一方面却以为小船根本不必多出这笔钱给一个老头子。我即答应了不拘多少钱皆由我出,船上三个水手一面与那老头子对骂,一面把船开到急流里去了。但小船已开出后,老头子方不再坚持那一分钱,却赶忙从大石上一跃而下,自动把背后纤板上短绳缚定了小船的竹缆,躬着腰向前走去了。待到小船业已完全上滩后,那老头就赶到船边来取钱,互相又是一阵辱骂。得了钱,坐在水边大石上一五一十数着。我问他有多少年纪,他说七十七。那样子,简直是一个托尔斯泰！眉毛那么长，鼻子那么大，胡子那么多，一切皆同画像上的托尔斯泰相去不远。看他那数钱神气，人快到八十了，对于生存还那么努力执着。这人给我的印象真太深了，但这个人在他们看来，一个又老又狡猾的东西罢了。

小船上尽长滩后，到了一个小小水村边。有母鸡生蛋的声音。有人隔河喊人的声音。两山不高而翠色迎人。许多等待修理的小船皆斜卧在岸上，有人正在一只船边敲敲打打。我知道他们正在用麻头与桐油石灰嵌进船缝里去。一个木筏上面还搁了一只小船，在平潭中溜着。忽然村中有炮仗声音，有唢呐声音，且有锣声；原来村中人正接媳妇，锣声一起，修船的，放木筏的，划船的，莫不皆停止了工作，向锣声起处望去。——多美丽的一幅画图，一首诗！但除了一个从城市中因事挤出的人觉得惊讶，难道还有谁看到这些光景蘁然神往？

下午二时左右，我坐的那只小船已经把辰河由桃源到沅陵一段路程主要滩水上完，到了一个平静长潭里。天气转晴，日头初出，两岸小山皆浅绿色，山水秀雅明丽如西湖。船离辰州只差十里，过不久，船到了白塔下，再上个小滩，转过山岨，就可以见到税关上飘扬的长幡了。

上面的一篇文章是从沈先生的《一九三四年一月十八日》（《湘行散记》之一）中间摘录出来的，可以独立成篇，原来的题目不相称了，我就给另起了一个题目。

　　这是一篇旅行记。读者诸君在学校里，每年至少有或远或近的一回旅行。旅行回来之后，国语老师总不肯放过，出题目叫你们写旅行的经历。因此，你们每年至少要作一篇旅行记。凭着你们写旅行记的经验，在阅读人家的旅行记的时候，你们一定不仅欣赏人家所描写的景物，还会注意人们写旅行记所采用的手法。现在选这篇旅行记给诸君阅读，就是让诸君在领略辰河的风物之外，看看沈先生是怎样写他的旅行记的。

　　旅行是一连串的生活。短期旅行或是一天，或是半天，长期旅行延续到几个月几年，总之是旅行者生活的历程。在这一连串的生活中间，耳目接触到的和心里想到的事物，真可以说多到不可胜数，要完全记录下来，即使半天的旅行，也可以写成很厚的一本书。所以写旅行记和写日记一样，第一先得放弃那完全记录下来的野心，因为这是不可能的而且是不必需的事情。为什么说不可能？遇见一个人，你要从他的头上一直记述到他的脚上。走进一间房子，你要从屋角一直记述到墙脚。心思像漫无拘束的飞鸟，一会儿飞到天涯，一会儿飞到海角,你要一刻不停地追逐它的踪迹,你想这是可能的吗?为什么说不必需?要像这样一点儿不漏地记录下来,手里将永远执着一支笔,再也不能做旁的工作,这样辛辛苦苦地不停笔的写有什么用处呢?

写旅行记和日记都不能作全部的记录,只能从一连串的生活中间选择若干部分来写。通常有两种手法。一种是记下一些重要的项目,以备查考之用,有如旅行记中的"行若干里,到某某地方,观某某古迹",日记中的"午后访某某,谈某事"之类。又一种是把自己印象最深的事物记下来,宛如摄一套活动影片,与此无关的简直丢开不写。沈先生的这一篇就属于这一种。前一种只有实用的价值;后一种写得好,可以有文学的价值。

这篇文章并没有把"上三个滩与一个长长的急流"的情形全部写下来,只写了上第一个长滩所见的搁浅的船只,上第一个长滩的第二段雇了一个临时纤手,以及上了长滩之后经过的那小小水村边的风物。这三者在篇中成为主要的三节,前后的文章便是发端和结尾。为什么只写这三者呢!因为它们给作者的印象最深。其中第一节,注重在描摹滩水险急的印象,并不多用形容词,只是平平常常地叙述,然而险急的情形叫人可以想见。"四只大船斜卧在白浪中大石上""人一下水后,就即刻为水带走了,……过一会,人便不见了",何等惊心动魄的叙述呵！第二节注重在描摹那老头子"对于生存还那么努力执着"的印象。文中叙述他为了一分钱讲价不合，不惜"大声嚷着而且辱骂着"，待"小船已开出后"，他又"赶忙从大石上一跃而下，……躬着腰向前走去了"，工作"得了钱"，他便"坐在水边大石上一五一十数着"。平凡的叙述，把老头儿的性格刻画得深入而微细。读者仔细体会，定会觉得恍如看见了那老头子。以下描摹他的相貌，说他同托尔斯泰相去不远，反而不是主要的笔墨。第三节注重在描摹那小小水村如画如诗的印象。这里只记述了一些声音，对一些景物作了简练的速写。读者读到"莫不皆停止了工作，向锣声起处望去"，几乎觉得自己也是这些人中间的一个，给那锣声引得抬头远望了。就这一段写到的声音和景物来体会，"母鸡生蛋的声音""人隔河喊人的声音""有人正在一只船边敲敲打打"的声音，"炮仗声音""唢呐声音""锣声""等待修理的小船皆斜卧在岸上"，木筏"在平潭中溜着"，一切人"停止了工作，向锣声起处望去"，这些岂不是经过水村的人常有的经验？平时不觉得怎样，经沈先生写入这篇文章，就觉得这如画如诗的境界，自己也曾领略过了。是尝新，又是回味，于是越见出这段文章的佳胜。

　　这三节都有一个结尾，第一节的是"这件事从船上人看来可太平常了"。第二节的是"这人给我的印象真太深了，但这个人在他们看来，一个又老又狡猾的东西罢了"。第三节的是"多美丽的一幅画图，一首诗！但除了一个从城市中因事挤出的人觉得惊讶，难道还有谁看到这些光景矍然神往？"这样结尾表明这三个印象对于作者特别深刻，在当地的人却都若无其事。原来旅行者连篇累牍写在旅行记中的，往往是当地人以为不值得一说的，甚至是从来没有关心过的事物。这不全由于"当局者迷"，也由于旅行者的眼光和心胸超过了一般人的缘故。

末一节的结尾"转过山岨，就可以见到税关上飘扬的长幡了"，意味有余不尽。若写作"转过山岨，就可以望见辰州了"，就是呆笨的笔墨。

从荥阳到汜水

徐盈

从荥阳到汜水,黄土层上有了坡度,慢慢地,便展开了垂直断壁的雄姿。一般人就在这垂直断壁里面掘穴来住,宛然是上古遗风,虽然已经并不"茹毛饮血",却依旧"穴居野处"。

这样,一个家庭的创造也够简单。费工大些,也可以在黄土层里掘出天井院落,屋子里面成弧形,就着土堆,剜成卧榻和桌椅。于是一个房间的落成,除了一扇木门而外,丝毫不用一点砖瓦。但穷苦人家却连这扇木门也在摒弃之列。

像这种窑洞,虽然谈不到美观,可是正合农民的需要。因为黄土层上已经普遍地缺乏着成材的树株,加以沙土又很难烧成坚固的砖瓦,有了窑洞,人们便不至于因了建筑不起房屋而露宿了。尤其窑洞的长处在于随外界的气温来转移,有着"冬暖夏凉"的美誉,由此又可以使农人们"衣""住"同时得到解决。（不是说笑话，这里便有冬天几个人共一条棉裤的事实。）窑洞，实在是一个伟大的发明。

郑州南乡，荥阳县一带路上总不少看到柿树林。到汜水，因了土地的角度不宜农业，于是种柿树的区域更多。这一区域，每年约有六百吨至八百吨的柿饼输出。汜水城里更有霜糖作坊，专来提取制柿饼时所挥发出来的霜，熰炼滴定以后，就是小饼似的"霜糖"。

我过留这个产柿区域时，柿子留在树上还是纽扣大小。但听当地农民讲，柿子的品种也很不一致。旧历八月初（国历九月底），柿子就开始下树了，这时的一批名叫"八月黄"，是涩柿，为赶先用的。以后则有水柿和火柿，这二者都可以做柿饼。不过用做柿饼的专用柿名"灰子"，是阴历九月底熟的一种坚硬小型种。

荥阳一带多水柿，汜水一带多"灰子"。"灰子"（亦音"回子"）能够成为柿饼专一品的原因，就在于它的皮厚、坚硬和晚熟上。汜水的柿饼是运到闽广一带去销售的，若是柿饼水分舍得稍多，那么运到那里一定有腐败的危险。加之这品种是晚熟，随时做好，便可打包输出，不必用地方来贮藏。

汜水城在一条土岗下。四周围麦子好极了，地低处肥得使麦秆完全倒伏。今年大概有七成以上的年景。可是去年汜水泛滥，都没有什么收获。这里的亩大同华北，是二百四十弓。一亩好麦地平均可以收六斗。一般年景只有二斗的收成，每斗三十六斤。一斗麦可出三十斤挂零的面粉。每元钱可以买到面粉十一至十二斤。

县城破敝不堪，只有一条横街。柿霜铺子集中在东门外的土路旁，有六七家的光景。每家铺子都好像是新从土里发掘出来的样子，乌黑且破旧。店老板同时还在经营着农业。

我在那里对于柿子的制饼和滴霜，受到一点教育。我知道三百至四百的鲜柿可得一百斤干饼，每百斤饼可卖二至四元。一百斤饼仅仅能够出一斤霜，一斤霜的价值二毛。每斤霜经提炼后可出霜糖十两至十二两，每斤霜糖的价格是三毛五分。一般说起来，制饼比较有利些，造霜的手续既繁，而得利却是很微少的。

柿饼和柿霜的制法：从树上摘下不十分熟的柿子削去皮，平铺在地上晒出霜。地表上或铺席或不铺，随制者的经济情形而定。晒霜的时候不能下雨，落雨后柿饼易发霉。一周过后，霜便从柿饼堆里流出和沉淀。然后把柿饼穿成贯子，压紧，晒干。而这霜，便收拾在一起，用火来煮。连行几次过滤，以去净霜里的滓渣和污秽。此后还要经过纯技术的搅、打、拍等程序，霜才变成糖，滴在一块块的小瓦片上。在火炉上焙干，就是一块块的霜糖。

柿饼在这一带的农家都会自制的。可是滴霜，却只有东门外的几家霜糖铺了。

当地人民虽然多少得着这副产的浸润，但生活依然是苦极。据说早先在这里，稍为殷实一点的人家，吃着较硬性的蒸馍（即面粉比例较多的），就会被人讥讽为不会过日子的。也许近来好些了，因为这几年来的柿饼的销路是很好的。

对于这么一个柿饼出产地，一向就很少有人注意过。

写旅行记，注目的方面有好些个。有的注目在天然风景，有的注目在名胜古迹，有的专写途中所见印象最深切的一些事物，有的专写社会间一般的生活情形。当然，把这些材料混合在一起的也有。我们单就只顾到一方面的来说，这几类旅行记并没有谁优谁劣，谁有价值谁没价值的分别。写得好，能把自己所经历的亲切有致地告诉人家，无论哪一类都是好的。不然的话，无论哪一类都不好。优劣和价值应该从文章的本身去判定，而不在乎文章所注目的是哪一方面。

不过读了从前人的一些游记，见到他们大多注目在天然风景和名胜古迹，不免发生一种误会，以为旅行记无非写这些东西。这种误会,我们绝不可有。假如有的话,就把我们自己写作材料的范围收缩了不少。其实从前人的游记,也有注目到天然风景和名胜古迹以外的。现在交通方便,旅行的事情越来越频繁,而民生问题又时刻萦绕在大家的胸中,使一般写旅行记的人有宁可抛开了天然风景和名胜古迹,而注目到一般人的生活情形上边去的倾向。在现代的出版物中间,这一类的旅行记几乎随处可以看到。这一回选的徐盈先生的这篇旅行记就属于这一类,本来是长篇中的一节,那长篇的题目叫作《一个干燥的农业区》。

要记载一般人的生活情形,单凭作者游历当时所得的印象是不够的,必须对于一路所见加以精细的考察。考察自然在随时观看,随地查问。但是观看和查问有时还嫌不够,要知道一切现象的所以然,还得加上自己的推断。如果不做这番功夫,就不免把一些浮面的认识写入文章,并没有捉住一般人的生活的真际[①]。这不是违反了写作的初意吗?

考察又得认定几个重要项目才行。因为所谓一般人的生活情形,如果不论巨细地列举起来,项目是无穷无尽的。在考察的时候,自然只能从多中择要,只顾到重

---

① 真际:真实情况。——编者注

要的几个项目而抛开其余的项目。看了徐先生的文章，就可以知道他的考察是预先选定项目的。从荥阳到汜水的路上，一般人都穴居而处，这是值得注意的生活情形，他就加以考察，记入他的文章。荥阳、汜水一带产柿很多，制柿饼和柿霜成为一般农家的副业，这又是不该忽略的生活情形，他就加以考察，记入他的文章。统看全节文章，只不过这两个考察的记录而已。并不是荥阳、汜水一带人民的生活情形仅止于此，而是因为他觉得其余的不及这两个项目重要，所以不加考察，不给记录了。

他怎么知道那些窑洞的外观和内容呢？当然全靠张开眼睛去观察。他怎么知道柿饼、柿霜的制法和卖价呢？当然全靠不惮唇舌之劳，到处去查问。他怎么知道那些窑洞正合农民的需要呢？那是根据了平时积累的常识和当时的观察推断出来的。"黄土层上已经普遍地缺乏着成材的树株，加以沙土又很难烧成坚固的砖瓦，有了窑洞，人们便不至于因了建筑不起房屋而露宿了"，这个推断，正是人文地理学常识的实地应用。

作这一类旅行记，仅靠走马看花地跑一趟是办不了的。对于天然风景和名胜古迹固然不妨从远处看，领略一个大概，以便捉住印象。对于一般人的生活情形却必须深入它的底里。考察越周到，推断越正确，写成的旅行记越有价值。如果对于观察和查问嫌其麻烦，学识又荒疏，不足以为凭借，那么即使足迹遍天下，也写不出一般人的生活情形来。

看戏

鲁迅

　　我在倒数上去的二十年中，只看过两回中国戏，前十年是绝不看，因为没有看戏的意思和机会，那两回全在后十年，然而都没有看出什么来就走了。

　　第一回是民国元年我初到北京的时候，当时一个朋友对我说，北京戏最好，你不去见见世面么？我想，看戏是有味的，而况在北京呢。于是都兴致勃勃的跑到什么园，戏文已经开场了，在外面也早听到冬冬地响。我们挨进门，几个红的绿的在我的眼前一闪烁，便又看见戏台下满是许多头，再定神四面看，却见中间也还有几个空座，挤过去要坐时，又有人对我发议论，我因为耳朵已经喤喤的响着了，用了心，才听到他是说："有人，不行！"

　　我们退到后面，一个辫子很光的却来领我们到了侧面，指出一个地位来。这所谓地位者，原来是一条长凳,然而他那坐板比我的上腿要狭到四分之三,他的脚比我的下腿要长过三分之二。我先是没有爬上去的勇气,接着便联想到私刑拷打的刑具,不由得毛骨悚然地走出了。

走了许多路,忽听得我的朋友的声音道,"究竟怎的?"我回过脸去,原来他也被我带出来了。他很诧异的说,"怎么总是走,不答应?"我说,"朋友,对不起,我耳朵只在冬冬喤喤的响,并没有听到你的话。"

后来我每一想到,便很以为奇怪,似乎这戏太不好,——否则便是我近来在戏台下不适于生存了。

第二回忘记了哪一年,总之是募集湖北水灾捐而谭叫天还没有死。捐法是两元钱买一张戏票,可以到第一舞台去看戏,扮演的多是名角,其一就是小叫天。我买了一张票,本是对于劝募人聊以塞责的,然而似乎又有好事家乘机对我说了些叫天不可不看的大法要了。我于是忘了前几年的冬冬喤喤之灾,竟到第一舞台去了,但大约一半也因为重价购来的宝票,总得使用了才舒服。我打听得叫天出台是迟的,而第一舞台却是新式构造,用不着争座位,便放了心,延宕到九点钟才出去,谁料照例,人都满了,连立足也难,我只得挤在远处的人丛中看一个老旦在台上唱。那老旦嘴边插着两个点火的纸捻子,旁边有一个鬼卒,我费尽思量,才疑心她或者是目连的母亲，因为后来又出来了一个和尚。然而我又不知道那名角是谁，就去问挤在我的左边的一位胖绅士。他很看不起似的斜瞥了我一眼，说道，"龚云甫！"我深愧浅陋而且粗疏，脸上一热，同时脑里也制出了绝不再问的定章，于是看小旦唱，看花旦唱，看老生唱，看不知什么角色唱，看一大班人乱打，看两三个人互打，从九点多到十点，从十点到十一点，从十一点到十一点半，从十一点半到十二点，——然而叫天竟还没有来。

　　我向来没有这样忍耐的等候过什么事物，而况这身边的胖绅士的吁吁的喘气，这台上的冬冬喤喤的敲打，红红绿绿的晃荡，加之以十二点，忽而使我省悟到在这里不适于生存了。我同时便机械的拧转身子，用力往外只一挤，觉得背后便已满满的，大约那弹性的胖绅士早在我的空处胖开了他的右半身了。我后无回路，自然挤而又挤，终于出了大门。街上除了专等看客的车辆之外，几乎没有什么行人了，大门口却还有十几个人昂着头看戏目，别有一堆人站着并不看什么，我想：他们大概是看散戏之后出来的女人们的，而叫天却还没有来……

　　这是鲁迅先生的小说《社戏》开头的部分，《看戏》这个题目是我加上去的。选读这一段文章，为的是拿它作为例子，说明写文章的一种方法。

我们平常写文章，把自己看见的听见的告诉人家，往往先把所看见的、所听见的分析一番，整理一番。譬如，一个人的形状，就说他的身材怎样，面貌怎样，说一个音乐队的演奏，就说笛子的声音怎样，三弦的声音怎样。这些都是经过了分析和整理以后的结果。在当时，看见的只是完整的一个人，并不分什么身材和面貌，听见的只是和谐的一派乐调，并不分什么笛子和三弦的声音。只因为想叫没有看见、没有听见的人知道，不得不分开项目来回想回想。那人的身材，那人的面貌，笛子的声音，三弦的声音，都是回想时候所定的项目。项目自然不能全备，然而提出来的一定是比较重要的。读文章的人读到了关于比较重要的若干项目的报告，虽然不能像亲见亲闻一样，可是对于那个人、那一场演奏，总算知道一个大概了。

另外还有一个方法，就是不用事后的分析整理的功夫，只依据看着听着的当时的感觉写下来。即使写的时候离开看着听着的当时很远，也从记忆中去把当时的感觉找回来，然后依据着写。什么叫作当时的感觉呢？无论在何时何地，我们的周围总是有许多事物环绕着。这许多事物并不逐件逐件闯进我们的意念，对于我们，大部分是虽有如无。唯有引得起我们的注意的几件，我们才感觉到它们的存在。而且同样一件事物，只因环境不同，心情不同，在感觉它的时候也就见得不同。不问那事物在别的时候怎样，只说这一回感觉它的时候怎样，这就是所谓当时的感觉。

　　上面说的意思好像不大容易明白。让我们从本篇中取一个实例来说，就非常清楚了。本篇第二节，写的是作者第一回看中国戏跑进戏园时候的情形。跑进戏园，接触的事物当然很多，倘若要一件也不漏地报告出来，不知要记多么长的一篇账呢。作者并不采用记账的办法，只把最引起他注意的写下来，这就是"几个红的绿的在我的眼前一闪烁，便又看见戏台下满是许多头"。"红的绿的"是什么呢？自然是戏台上的演员。演员分生、旦、净、丑等角色，某角色扮演剧中的某人物，要详细说起来，不是一句话可以了事的。"许多头"是什么呢？自然是一班观众。观众有男、女、老、少的分别，他们的神态、服装等等又各个不同，要说得详细，也得用好些句话。为什么作者只用"红的绿的"和"许多头"把演员和观众一笔带过呢？原来在作者跑进戏园的当时，最先引起他注意的是几个红的绿的，而且仅仅是几个红的绿的,也不辨他们是什么角色,扮演的是什么剧中的什么人物,只觉得他们在眼前这么一闪烁罢了。他依据当时的感觉写下来,就是"几个红的绿的在我的眼前一闪烁"。接着引起他的注意的是许多头,而且仅仅是许多头,也不辨他们是何等样人,作何等的神态,穿何等的服装,只觉得他们挤满台下罢了。他依据当时的感觉写下来,就是"便又看见戏台下满是许多头"。

我们差不多都有过跑进戏园的经验。凭着我们的经验,读到"几个红的绿的在我的眼前一闪烁,便又看见戏台下满是许多头",我们的意想中就展开一幅热闹的活动的图画,我们的鼻子里仿佛嗅到戏园中那种闷热的空气,换一句话说,就是如临其境。所以,写文章把自己的见闻告诉人家,倘若能够捉住当时的感觉,顺次写下来,就使人家如临其境。倘若用前一种方法,先作一番分析整理的功夫,然后逐项写下来,那只能使人家知道一个大概,说不到如临其境。

教科书里的文章,注重在叫人家记忆和理解,大多用前一种方法。至于文艺,注重在叫人家感动,叫人家欣赏,适宜用后一种方法。文艺部门中的小说多数出于虚构,小说里一切当然不尽属作者亲自的经历(本篇却是作者亲自的经历），有修养的作者能够像写出自己当时的感觉那样写出来，使读者随时有如临其境的乐趣。本篇用这个方法写的不止前面提出的两句。读者不妨逐一检查出来，并体会它们的好处。

邓山东

萧乾

这人到我们门口来做买卖，可说是一个叫孙家福的学生拉来的呢。

在拐角处，我们见到他了。一个高大魁伟的汉子，紫红的脸蛋，有着诙谐的表情。毛蓝裤竹标袄的中腰扎着一根破旧的皮带。胸前系着一个小篮子。手向身边一捎，头向天一仰，就又唱了起来。

"嗨，卖炸食的，站住！"孙家福用一个熟朋友的口气迎头截住了他，这汉子响亮的笑了出来，马上就蹲在靠近电线杆子的墙根下了。

"卖炸食的，再给我唱一回那《饽饽阵》吧。"孙家福扯了他的臂说。

每唱完一支总有人买一回东西。并且还争着"先给我唱"，虽然唱出来是大家听。

我们问他嗓子怎么那么好。

"这算啥！俺在兵营里头领过一营人唱军歌。那威风！"说到这儿，他叹息地摸一摸腰间的皮带，"不是大帅打了败仗，俺这时早当旅长了。"提起心事了，于是他摇了摇头，嘴里便低哼着："一愿军人志气高，人无志气铁无钢……"

他直爽、"硬中软"的心肠是我们受到老师苦打后唯一的补偿。甚而我们中间自己有了纠纷时，也去麻烦他。他总是东点点头，西点点头，说："都有理，都有理。不该动手呵！"

孙家福因为朝会上偷看《七侠五义》，被斋务长罚不准回家吃饭，空着肚子立正。这消息传到邓山东耳里后，就交给我一包芙蓉糕。

"黄少爷想法递给孙二少。真是，哪有饿着的呢！"

"钱呢？"我问。

"什么话呢！"他怪我傻相。事实上我们都不欠他一个钱。"俺眼都没长在钱上。朋友交的是患难。快去！"他做了一个手势。

"你为什么偷送吃的给家福？"斋务长劈头森严地问。

"你又说谎！"他用板子指我的鼻梁。吓得我倒退两步。"门房眼看你赊来，由窗口掷进去的。"

第二天早晨，邓山东儿叉着腰，撇着嘴说："他娘的，撑俺走。官街官道。俺做的是生意。黄少爷，你尽管来！"原来斋务长已不准他在门口摆摊了。

上午第末堂，墙外又送进来熟悉的歌声：

"三大一包哇，两大一包哇。

天真子弟各处招呀。

揍人学校办得糟哇，

俺山东儿谁也不怕！"

这最末一句唱得那么洪亮，那么英雄，把个台上的老师气得发抖。我们虽然坐在校墙里头，心却属于这个声音。

第二天早晨我到学校门口时，看见一簇人挤在邓山东儿担子那儿，个个老鼠似的低着头挑东西呢。瞧见我，他遥遥地拔起了身，扎出头来招呼："黄少爷来吧，新鲜的秋果。"

我就仗着人多钻了进去。十几只手都探伸到一个大筐箩里抓来抓去。把虫蚀的往别人那里推，把又大又红的握到自己手里。正争闹着，我背后感到一下槌击。本能地回过身来，斋务长雷厉风行地立在眼前了。

"走，全到斋务处去！"斋务长说。

"我说，当老师的，"邓山东怔怔地追了上来，"买东西不犯罪呀。你不能由俺摊上捉学生！"

"滚开！"斋务长气哼哼地说。"不滚开带你上区里去!"

"喝!"邓山东看了看我们这几个俘虏,看了看在鄙夷他的斋务长,气愤起来。"上区就上区,俺倒要瞧瞧!"说着他挽起袖子,挑起担子,就跟了进来。

门房正呶呶地数说着往外赶邓山东儿,却被斋务长拦住了。

邓山东把一双紫红的手臂交叉在胸膛间,倚着一根柱子,瞪着台上不屑看他的斋务长,陪我们听候发落。

斋务长起来报告了。首先说了一阵我们的不是,又示意地瞪了卖糖的一眼,才飕地由他怀里抽了出来一条硬木戒方。

"过来!"他向我们喊。板子前端指着台前。

我们犹疑地前移了。

第一条臂伸到板子下面时,一个粗暴的声音由后面嚷了出来。"先生,你干吗呀?"邓山东儿攘臂而前,跃到我们一行人前边站定了。

"一旁站着!"斋务长不屑注意似的避了开去,"我打我的学生。"

"你要打,别打学生,打俺。"邓山东慷慨地把头转了过来,"做买卖犯国法。买东西也不干你。俺不服,俺不能看着少爷们挨打。"

这时,地震似的后排的同学都站起来了。

斋务长一面弹压秩序，一面为这个人所窘住了。

斋务长气愤愤地揪着邓山东伸得平直的大手掌劈头打去。只看见邓山东面色变得青紫，后牙根凸成一个泡。

待到斋务长气疲力尽，一只红肿的手甩了下来后，像害了场热病，邓山东头上冒着粒粒圆滚汗珠。

"够了吗？"

斋务长向校役做了个手势，走过去找抹布。邓山东一句话也不说，摇摆着踏出了礼堂。

自从那次以后，他把担子挑得离学校远了几步。同学的钱花到邓山东担子上成了一件极当然极甘心的事。

有时他还低声唱：

"三大一包哇，两大一包哇。
学校的片儿汤味真高呵！
一板儿两板儿连三板儿，
打得山东的买卖愈盛茂！"

这一回我摘录萧乾先生的一篇小说的一部分给读者诸君阅读，顺便谈谈关于人物的描写。

听到描写二字，第一个印象就是把事物画出来给大家看。事物不在眼前，画了出来就清清楚楚看得见了。不过一幅画只是事物一瞬间的静态，在这一瞬间的以前和以后，事物又怎样呢，这是画不出来的。能够满足这种期望的还得数有声活动电影。有声活动电影不只表示事物的静态，它能把事物在某一段时间以内的情形传达出来，而且摄住了这段时间以内的各种声音。看了有声活动电影，才真个和接触真实事物相差不远了。

现在用文字来描写事物，意思就是要使一篇文章具有有声活动电影的功用，至少也得像一幅画，让人家看了宛如亲自接触了那些事物。这不是死板地照实记录就可以济事的。你一是一、二是二地记录下来了，人家看了，只能知道一堆琐屑的节目，对事物却没有整个的认识，你的描写就是徒劳。你必须先打定主意，要使人家认识整个的事物须在某几点上着力描写，然后对于某几点特别用功夫，这才可以如你的初愿。画画拍电影也是这样。拿起画笔来照实临摹，无论怎样工细，怎样准确，只是一张习作罢了，算不得一件艺术品。抬起摄影机来对着任何事物摇动一阵，事物当然拍进去了，但是不免混乱琐碎，算不得一部有价值的影片。画画和导演的人在动手以前，必须先想定该从事物的身上描写些"什么"出来，才能使事物深入人心。他们的努力是引导观众去观察去感觉这个"什么"。观众真个因此而观察明白了这个"什么"，感觉到了这个"什么"，才是他们描写的成功。

总之，描写不是死板地照抄实际事物。用适当的文字，把事物外面的和内面的特质表达出来，使人家认识它的整体，这才算描写到了家。

现在把范围缩小，单说对于人物的描写。在许多旧小说里边，一个人物出场的时候，作者往往给他"开相"，他容貌怎样，态度怎样，服装怎样，说上一大堆。在一些传记里边，作者往往给传记中的主人翁加上一些关于性格的写述，如"豁达大度""恭谨有礼"之类。这些是不是描写呢？回答是不一定就是。如果只叙明某一个人物的容貌怎样，态度怎样，服装怎样，跟后面要写的这个人物的思想和行动都没有关系，那么只是浪费笔墨而已，不能算作描写。至于"豁达大度""恭谨有礼"之类，乃是作者对于人物的评判，作者评判他怎样，读者不能就见到他怎样，所以，如果仅仅使用这种评判语句，实在不能算作描写。要知道，人物的容貌、态度、服装等等是写述不尽的，在写述不尽之中提出一部分来写，当然非挑选那些跟他的思想行动发生关系的不可。"豁达大度""恭谨有礼"之类既是作者对于人物的评判，作者就该让读者听听他的言论，看看他的举止行动，自己去见到他的"豁达大度"或者"恭谨有礼"。如果作者的笔墨真能使读者自己见到这样的结论，这两句评判语句也就无妨删去了。

描写人物以描写他的性格为主，容貌、态度、服装等等常常作为性格的衬托，只有在足以显出人物性格的当儿，才是真正必要的。岂但这些，就是人物以外的环境，作者所以不肯放过，也为的是增加描写人物性格的效果。写的虽然是人物以外的环境，而着眼点却在衬托出人物的性格。在小说中间，这种例子是很多的。

仅仅用一些形容词作为评判的话，如说"他很爽直""这个人非常勇敢"，绝不是描写人物性格的办法。描写人物性格要在人物的一言一行一颦一笑上下功夫，没有一句评判的话也不要紧。能使读者从人物的一言一行一颦一笑上体会得出人物的性格来，那才是上等的描写。

萧乾先生这篇小说注重描写邓山东的性格。邓山东是一个在小学校门口卖杂货糖食的，当过兵，能说能唱，极受许多小学生的欢迎。因为给一个被罚不准回家吃饭的小学生送了一包芙蓉糕，学校里的斋务长不准他在校门口摆摊。以后他和斋务长起了一番小小的交涉。故事非常简单。作者是站在一个姓黄的小学生的地位上写述的。读者诸君读完了这一篇，试把前面的话和这一篇对照,看作者用什么手法来描写邓山东的性格。还可以放开了书本想一想:经过作者的描写,为什么邓山东宛然成了一个熟悉得很的人物了。

水手

刘延陵

一
月在天上,
船在海上,
他两只手捧住面孔,
躲在摆舵的黑暗地方。

二
他怕见月儿眨眼,
海儿掀浪,
引他看水天接处的故乡。
但他却想到了
石榴花开得鲜明的井旁,
那人儿正架竹子,
晒她的青布衣裳。

这一回选读一首诗，就是刊载在前面的。读者看了这首诗，大概都能够明白它的意思。这是说一个水手在海船上想念他的女人。

如果仅仅告诉人家说，一个水手在海船上想念他的女人，算不算一首诗呢？这只是一句普通的叙述的话罢了，算不得一首诗。必得像刘先生那样说来，才是一首诗。我不是说除了刘先生的说法，此外不能有旁的说法；不过说必得像这样用艺术手段表现一种情境，才是一首诗。

现在先说什么叫作情境。情指情感、情绪、情操等，总之是发生在我们内面的。境就是境界，包括环绕在我们周围的事物。我们内面的情不会凭空发生，须由外面的境给予我们触动，情才会发生。譬如说，环境在我们周围有种种不平的事实，我们认识了这些事实，才会发生嫉恶如仇的情。再说外面的境也不会一股脑儿闯进我们的意识，须是触动我们的情的，我们才会真切地注意它。譬如说，越是吸引我们欣赏的风景，我们越是知道得详细，辨得出它的好处。至于那些平平常常的景物，虽然排列在我们的周围，可是我们并不特地去注意它，好像没有什么景物在那里一样。照上面所说的看来，情和境的关系极其密切。作诗的人往往捉住情和境发生关系的那个当儿的一切，作为他的诗的材料——不但作诗,就是画家画画,雕刻家作雕刻,也是这样。

我们看这首诗里,天上的月,船四围的海,水天接处的远方,石榴花开着的井旁,架起竹子晒衣裳的姿态,是境;怕见月亮,怕见大海,可是还想念着那人儿,是情。情和境是拆不开的。因为月亮照在当头,因为孤单地处在海船上,只恐望着水天接处的故乡,心里难过,所以怕看月亮和海。望着故乡有什么难过呢?因为那里是那人儿在着的地方,而那里很远很远,只能够对着水天接处指认方向,如果要到那里去,却还有不知多少路,还得隔不知多少时日呢。和那人儿距离既远,会面又遥遥无期,还是不要想念她吧,还是不要望着故乡吧。但是想念她的情到底遏止不住,眼睛虽然不看什么,从前的一幅图画却鲜明地映在脑里了。这是一幅太可爱的图画:井旁边,石榴花开得很盛,她刚洗罢衣服,取一个最美丽的姿势,在那里架起竹竿来,那衣服是青布的,正配合她的清秀和朴素。这幅图画时时在脑里显现,永远和当时一样鲜明。现在唯恐心里难过,不敢望着故乡,却又看见了这幅太可爱的图画,于是想念她的情更深更切,真到了无可奈何的地步了。——以上说的是情和境的复杂的关系。作者捉住了这些关系发生的那个当儿的一切,诗的材料就不嫌贫乏了。

读者或许要问:这首诗里的情是作者自己的吗?这

首诗里的境是作者亲历的吗？作者没有当过水手，诗中情境当然是从想象得来的。作诗作文都一样，不妨从想中去找材料。最要紧的是虽属想象，而不违背真实。换一句说，想象必须入情入理，使人觉得确然有此情境，方才可以作为写作的材料。诗中情境并非必须从想象得来，作者自己的情、亲历的境也是作诗的好材料，古今有许多好诗就是用这种材料写成的。

再说什么叫作艺术手段。譬如画画，拿起颜色笔来乱涂一阵，算不得艺术手段。先相定了画面的部位，胸中有了成竹，然后下笔。下笔又有种种的斟酌，该直该曲，该淡该浓，一点都不潦草。这样才说得上艺术手段。作诗也一样，有了一种情境，随随便便写出来，算不得艺术手段。通常说："诗是最精粹的语言。"意思就是诗中所用的词儿和语句比较普通语言尤其不可马虎，必得精心选择，把那些足以传达出情境来的词儿和语句用进去，此外就得一概剔除。试看这首诗的第一节，只用四行文字，已经把主人公和他的环境画出来了。这不是一幅死板的画，"他两只手捧住面孔"这一行更画出了主人公的心理。再看第二节。说"月儿眨眼"，见得海上波浪的动荡。因为波浪动荡，静的定的月儿也像在那里眨眼了。说"引他看"，见得他实在时时刻刻在那里看。尽看尽看，徒然使想念的情更深更切，于是索性不看。但是照耀远近的月亮和滚滚远去的波浪好像在那里挑逗他，非叫他看不可，这就来了个"引"字。以上说的都是显出艺术手段的地方。可以说的当然还有，我预备留给读者自己去揣摩。

末了得说一说韵。这首诗用的是"ang"韵，韵脚是"上""上""方""浪""乡""旁""裳"七个字。诗要念起来觉得和谐有节奏，除了用韵以外，还得在句中各处讲究声调。有的诗不用韵，但声调还是要讲究。这也是所谓"最精粹的语言"的一个条件。

小河

周作人

一条小河,稳稳的向前流动。
经过的地方,两面全是乌黑的土;
生满了红的花,碧绿的叶,黄的果实。
一个农夫背了锄来,在小河中间筑起一道堰,
下流干了;上流的水被堰拦着,下来不得:
不得前进,又不能退回,水只在堰前乱转。
水要保他的生命,总须流动,便只在堰前乱转。
堰下的土,逐渐淘去,成了深潭。
水也不怨这堰,——便只是想流动,
想同从前一般,稳稳的向前流动。
一日农夫又来,土堰外筑起一道石堰。
土堰坍了;水冲着坚固的石堰,还只是乱转。
堰外田里的稻,听着水声,皱眉说道,——
"我是一株稻,是一株可怜的小草,

我喜欢水来润泽我，
　　却怕他在我身上流过。
　　小河的水是我的好朋友；
　　他曾经稳稳的流过我面前，
　　我对他点头，他向我微笑。
　　我愿他能够放出了石堰，
　　仍然稳稳的流着，
　　向我们微笑；
　　曲曲折折的尽量向前流着，
　　经过的两面地方，都变成一片锦绣。
　　他本是我的好朋友，
　　只怕他如今不认识我了；
　　他在地底里呻吟，
　　听去虽然微细，却又如何可怕！
　　这不像我朋友平日的声音，
　　——被轻风挽着走上沙滩来时，
　　快活的声音。
　　我只怕他这回出来的时候，
　　不认识从前的朋友了，——
　　便在我身上大踏步过去；
　　我所以正在这里忧虑。"
　　田边的桑树，也摇头说，——

"我生的高,能望见那小河,
他是我的好朋友,
他送清水给我喝,
使我能生肥绿的叶,紫红的桑葚。
他从前清澈的颜色,
现在变了青黑;
又是终年挣扎,脸上添出许多痉挛的皱纹。
他只向下钻,早没有工夫对了我点头微笑;
堰下的潭,深过了我的根了。
我生在小河旁边,
夏天晒不枯我的枝条,
冬天冻不坏我的根。
如今只怕我的好朋友,
将我带倒在沙滩上,
拌着他卷来的水草。
我可怜我的好朋友,
但实在也为我自己着急。"
田里的草和虾蟆,听了两个的话,
也都叹气,各有他们自己的心事。
水只在堰前乱转;
坚固的石堰,还是一毫不摇动。
筑堰的人,不知到哪里去了。

这一回我们再选读一首诗,就是刊载在前面的。诗不一定用韵,这一首就是不用韵的诗。然而语句极精粹,声调也很和谐。所谓精粹,并不像有些词章家所想的那样,一定要选用一些华丽的或是生僻的字眼,构成一些工巧的或是拗强的句子。那样的作法,高明的旧体诗作者也不赞成,旧体诗虽然用文言来写,但是那样的作法算不得精粹。现在的诗用口语来写,须选用口头的字眼,须依从口头的语调,你如果也想来那么一套,必然写成一些不三不四的怪东西。可是,口语也有精粹不精粹的分别。字眼似是而非,语调啰啰唆唆,三句里头倒有两句废话,说了一大串表现不出一点儿情境:这就距离"精粹"二字很远了。周先生这首诗完全不是那样,所以我们承认它是"最精粹的语言"。所谓和谐,并不专指句尾押韵,也不是"仄仄平平"地有一种固定的腔调。平庸的作者写旧体诗单单顾到这一些就完事了。若在好手,尤其注意的是声调和诗中情境的符合:激昂的情境他用激昂的声调,闲适的情境他用闲适的声调。他不单用事物和思想来表现情境,就在声调里头也透露了大部分的消息。这是不分什么旧体诗新体诗的,凡是好手都能做到这地步。周先生这首诗的声调和诗中情境相符合,所以我们说它和谐。

这首诗很容易明白。小河有它的生命,向前流动就是它的生命的表现。它畅适地流动着,不但它自己快活,微笑,就是田里的稻、草、虾蟆和田边的桑树也都生活安舒,欣欣向荣。这就可以看出一串生命的连锁,大家顺遂,大家快乐。不幸来了一个农夫,起先在小河中筑起一道土堰,后来又加上了一道石堰。农夫这样做,当然有他的需要和想头。但是小河的流动就遇到了阻碍。不但小河,稻、草、虾蟆、桑树的生机也连带地遇到了阻碍。而小河并不是遇到了阻碍就了结的,它"要保他的生命,总须流动",流动没有路,只好不歇地乱转。于是稻和桑树怀念着它们好朋友的往昔的交情,又怕目前遭难中的好朋友带给它们一些可怕的灾难。草和虾蟆虽然没经明叙,但是意思也无非如此。至于那筑堰的农夫,他"不知到哪里去了"。筑了堰会有什么结果,他当初也许并没有料到,但是对于许多生命给了损害总之是事实。——以上是这首诗中的情境。我们单从小河、稻、桑树等等的本身着想,就觉得它们的挣扎和忧愁入情入理。如果联想到人类社会方面去,更觉得这样的情境差不多随时随地都有。一些人有意无意地给予人家一种压迫,它的影响直接间接传播开去,达到广大的人群。被压迫者的努力挣扎自是不可免的,间接受影响者的切心忧愁也是按不住的,因为大家要保自己的生命。繁复的人间纠纷就从这里头发生出来。不安和惨淡的景象正像筑了两道堰以后的小河边。所以这首诗所捉住的情境是很普遍的。虽然小河并不真有生命，稻和桑树也不真会说话，全篇的材料无非从想象得来。但是想象的根据却是世间的真实。无论作文作诗，这样取材是比较好的办法：情境普遍，使多数读者感到亲切有味，仿佛他们意想中原来有这么一种情境似的。

小河边的不安和惨淡的景象到什么时候才会改变呢？这首诗中没有提到。如果提到了，一则作者突然跑出来发表自己的意见，就破坏了全诗纯粹叙述的统一性；二则呢，太说尽了，不给读者留下自己去想的余地，也是不好。但是我们既然是读者，不妨来想一想这以后的情形。这是不难想象的：若不是谁来拆去那两道堰，就只有等待小河源源不绝地流注，越来越急地乱转，直到潭底的土完全淘去，水再不能往下钻，于是滔滔滚滚地向两岸冲决开来。那时候，小河边就将是另一幅景象了。

这首诗中稻说了一番话，桑树说了一番话。草和虾蟆当然也不妨说话，可是这样太呆板了，并且说来无非稻和桑树那一些意思。所以不再让它们说话，只用"也都叹气，各有他们自己的心事"了事。这是避重复、取变化的方法。

再说这首诗的声调。诗中各行都简短，语句极质朴，和原野中的小河、稻、桑树等等自然物相应。说了"水只在堰前乱转"，又说"便只在堰前乱转"，又说"便只是想流动，想同从前一般，稳稳的向前流动"，又说"还只是乱转"，这样反复的叙述，念起来好像就是小河涓涓不息的调子，所谓声调和情境的符合，就指这些地方而言。

压迫

丁西林

……（上略）

女客　这三间房子租多少钱？（坐下）

男客　喔，便宜得很。这样的三间房子，只租五块钱一月。

女客　房子倒不错，房价也不贵。（想了一想）这房子真的可以让给我吗？

男客　自然是真的，为什么要骗你？

女客　不过今晚就来住，总不行吧？

男客　行，行。（好像忽然想起一件事来）不过——你结了婚没有？

女客　（跳了起来，挺了胸脯，竖起眉毛）什么？

男客　（还要补一句）你结了婚没有？

女客　（怒了）你这话问得太无道理！

男客　太无道理？

女客　简直是一种侮辱！

男客　（高兴起来）"侮辱"，对了，一点不错，我也是这样说。但是现在有房出租的人，似乎最重要的是先要知道你结婚没有。

女客　我结婚没有，干你什么事？

男客　是的，一点都不错，我结婚没有，干她们什么事？可是她们一定要问，你说奇怪不奇怪？

女客　我完全不懂你的意思。

男客　谁说你懂？你自然不懂我的意思。不过你别性急，让我告诉你，你就会懂。——刚才你说，你是到这边大成公司来做事的，是不是？……

女客　你这人的记忆力真坏，怎么刚说过了的话，即刻就忘了。

男客　不要生气。我不过是告诉你，我也是到这边大成公司来做事的。

女客　你也是到大成公司来做事的？

男客　是的。你没有想到吧？

女客　你在大成做什么事？

男客　我在这边当工程师。

女客　这样说，你并不是这里的房东？

男客　谁说我是这里的房东？我说了我是这里的房东没有？你看我的样子，像一个房东么？

女客　（抢着说）啊，我知道了！你是这里的房客！这三间房子是你租的，现在你觉得不合适，想把它退了。

男客　想把它退了！谁说我想把它退了？

女客　刚才你不是说这房子可以让给我的么？

男客　是的，我是说可以让，没有说要退。

女客　那我更加不明白了，你既不想退，为什么要让呢？

男客　你真的不明白么？

女客　真的不明白。（坐下）

男客　因为——我看了你……喔，不是，因为房东不肯租给我。

女客　为什么房东不肯租给你？

男客　啊，可是这婚姻问题。现在我们讲到题目上来了。一星期以前，我到这里来看房子，碰到了房东小姐。一见了我，她就盘问我，问我有没有老太太，有没有小孩子，有没有兄弟姊妹，直等到我明明白白地告诉了她我是没有结过婚，她才满了意。连房价也没有多讲，她就答应了把房子租给我。

女客　懂么？她一定知道了你是一个工程师，她想嫁给你！

男客　真的么？这我倒没有想到。——昨天下午，我到这里来的时候,她们老太太告诉我,说如果我没有家眷来同住,她这房子不能租给我。她明明知道我没有家眷,她把这话来要挟我,你说可恶不可恶?

女客　为什么没有家眷来同住,这房子就不能租给你?

男客　我不知道啊。她说她们家里没有男人。

女客　笑话。

男客　这简直是一种侮辱,是不是?

女客　是的。——后来怎么样?

男客　后来我把她教训了一顿。

女客　她明白了这个道理没有?

男客　明白了这个道理?一个人一过了四十岁,他脑子里就已经装满了旧的道理,再也没有地方装新的道理,我告诉你。

女客　现在怎么样?

男客　现在?现在我不走!

女客　她呢?

男客　她?她去叫巡警。

女客　叫巡警!叫巡警来干什么?

男客　叫巡警!来撵我!

女客　真的么!

男客　为什么要骗你?你如果不相信,等一会儿巡警就要来,你自己看好了。

女客　这倒是怪有趣的事。不过巡警如果真的要撵你,你怎么样?

男客　你没有来以前,我不知道怎么样。现在我有了主意。

女客　你预备怎样?

男客　我把巡警痛打一顿,让他把我带到巡警局里去,叫房东把房子租给你。这样一来,我们两个人就都有住宿的地方。

女客　那不行。(若有所思)

男客　那为什么不行?

女客　你还是没有出那口气。——唉,我倒有个主意。

男客　你有什么主意?

女客　(少顿)让我来做你的太太好不好?

男客　什么!

女客　喔,你不用吓得那么样,我不是向你求婚。

男客　喔,你误会了我的意思,——我——我——因为我实在没有想到这个方法。

女客　这是最妙的一个方法。她说你没有家眷同住,这房子就不能租给你。现在你说你有了家眷,看她有什么话说!

男客　她一定没有话说。不过——你愿意么？

女客　我为什么不愿意？这于我有什么损害？——又不是真的做你的太太。

男客　喔，谢谢你！

女客　你不要把我意思弄错。我不是说做了你的太太，我就有什么损害，那完全是另外一个问题。

男客　是的，那完全是另外一个问题。不过你帮我把租房的这个问题解决了，我总应该向你道谢。

女客　嗤！道谢！（侧耳静听）

男客　不错，不错。

女客　我听见有人说话。

男客　那一定是巡警！（急促的）唉，不过我已经说过我是没有家眷的，现在怎样对她们讲？

女客　就说我们吵了嘴，你是逃出来的，不愿意给人知道……（下略）

在叙事的文章里头，往往要记录文中人物所说的言语。记录言语有两种方式。一种用作者的口气转述，如"张三说怎样怎样，李四说怎样怎样"，张三和李四的言语都不加引号。一种直接用文中人物的口气，如"张三说：'怎样怎样。'李四说：'怎样怎样。'"这里的"怎样怎样"都给加上引号，见得这些言语是文中人物当时就这么说的，一点没有走样。用前一种方式不一定作"张三说""李四说"，也可以作"张三以为""李四的意思是"等等，因为这样也是作者转述的口气。用后一种方式不但不能遗漏了或者弄错了言语的意义，并且不能改变说这些言语的时候的神情。这工作好比制收音片，谁的演说，谁的歌唱，都得让人家辨别得出的确是谁的声调口音，因此下笔的当儿应该格外当心。如果所据的是真人真事，就得注意这人发言那时候的词汇和语调，以便照样记录下来。最好能够做到凡是在引号中间的完全是这人自己的词汇和语调。如果写出于想象的东西，如写小说，对于人物的言语先得设身处地想个周到。某人物在此情此境中间应该说些什么，应该怎么说法，一一都想停当了，差不多可以如闻其声了，然后动笔记录下来，才能使读者有真切之感。倘若不肯做这样的工作，提起笔来随意挥写，或者词汇不合人物的身份，或者语调不合人物的情感，就都是失败的笔墨。你虽然用着引号，表明这些言语出于文中人物之口，但是没有用，读者只觉得是你作者在那里说话。

　　文中记录人物的言语往往不限于一个人物的。或是一个人问一个人答，或是许多人在一起讨论，这才用得到言语。一个人自言自语的时候到底是很少的。因此，除用作者口气转述的方式不算，我们把直接记录文中人物的口气的方式称为"对话"。意思是说，请文中的一些人物自己上场，对面谈话，让读者听他们的。咱们有这么一种经验：单听人家转述一件事情，不如听事情中人物自己的声调口音来得有趣，来得亲切。讲故事的人常常要描摹故事中人物的口吻，或老或少，或文或野，都求惟妙惟肖，使听众宛如亲自遇见那些人物。叙事文章中间常常要插入一部分对话，也是同样道理。

这一回读一节话剧。话剧是纯粹用对话来构成的。作者自己不说一句话，故事的前因后果，以及如何进展，都在作者所创造的人物的对话中表达出来。而且，话剧不比普通的叙事文章，它受着时间的限制。一幕话剧或占一点钟，或占半点钟，就是这一场对话必须连续发生于某一天的一点钟或半点钟之内，而故事的前因后果以及如何进展却要非常自然地在这一场对话中表达出来，要求又非常严格。因此，话剧中的对话非绝对经济不可。经济并非一味吝惜的意思，必要的具有作用的绝不吝惜，无关紧要的闲笔墨绝不浪费，这才是真的经济。话剧中的对话又得传达出各个人物隐藏在心底的情意。我们从日常的经验中可以知道：我们心底隐藏着某种情意，待挂到嘴上，却变为另外一句言语了。所说在此，所思在彼，原是生活中常有的事儿。话剧作者要他的作品见得真切，就不能不在这种地方下功夫。他站在剧中人物的地位，设想他们当着此情此境，心底应该怎样想，挂到嘴上的言语应该是什么，然后写下他们的对话来。这些对话必须能使读者体会得出某一句言语的背后隐藏着剧中人物的某一种情意，这才是不凡的作品。——总之，好的话剧的对话可作为对话的模范。依理想说，即使是普通叙事文章的对话，也得像话剧中的对话那样经济，那样能够传达出人物心底的情意。

丁先生这篇话剧篇幅比较长，不能全部刊载。我把这篇话剧的故事简略地叙述一遍，好让读者诸君有个头绪。男客人来租房子，房东太太的女儿收了他定钱。房东太太闻知他没有家眷，因为自己家里没有一个男人，觉得不方便，决意还他定钱。这篇话剧开幕的时候，就是男客人预备来住他的新房子的当儿。他等了一会儿，房东太太回来了，向他表明她的意思。两个人就争执起来：一个定要租她的，理由是已经付了定钱；一个定不肯租，理由是他没有家眷。争执不得解决，房东太太把男客人丢在屋子里，派老妈子去叫巡警。这时候女客人推门进来，她也是想来租房子的。两个人谈过一阵之后，女客人明白了事情的经过。她对男客人起了同情心，想出一个奇妙的主意来帮助他解决租房子的问题。就是由她冒充他的太太，算是夫妻失和，他一个人从家溜走，而她是追踪他来的。等一会儿，巡警来了，他见房客既然有了太太,连声说着"再见""打搅"而去。房东太太也无话可说。到这里话剧就此完毕。

丁先生所写的对话非常干净,句句是口语,而且是传神的口语。我不再想多说什么,愿读者诸君仔细地读它,同时留心两点,就是故事的进展怎样在对话中表达出来,以及对话的背后隐藏着剧中人物怎样的情意。

附录

给建筑飞机场的工人
卞之琳

母亲给孩子铺床要铺得平,
哪一个不爱护自家的小鸽儿,小鹰?
我们的飞机也需要平滑的场子,
让它们息下来舒服,飞出去得劲。

空中来捣乱的给他空中打回去,
当心头顶上降下来毒雾与毒雨。
保卫营,我们也要设空中保卫营,
单保住山河不够的,还要保天宇。

我们的前方有后方,后方有前方,
强盗把我们土地割成了东一方西一方。

我们正要把一块一块拼起来，
先用飞机穿梭子结成一个联络网。

我们有儿女在北方，有兄妹在四川，
有亲戚在江浙，有朋友在黑龙江，在云南……
空中的路程是短的，捎几个字去吧：
"你好吗？我好，大家好。放心吧。干！"

所以你们辛苦了，忙得像蚂蚁，
为了保卫的飞机，联络的飞机。
凡是会抬起来向上看的眼睛
都感谢你们翻动一铲土一铲泥。

这首诗的第一节前两行是个比喻，把"给孩子铺床"的母亲比喻修筑飞机场的工人。这想头从二者相同之点"铺得平"而来。随随便便的比喻，无论在诗歌或散文里，都是应该割除的赘疣，必须使印象更加显明，意义更加丰富，才是有用的不容割除的比喻。这里既说了"母亲给孩子铺床总要铺得平"，随即用询问口气点明所以"总要铺得平"，为的是"爱护"孩子。用直陈口气也未尝不可以点明，可是限制了读者考索的自由；询问口气却等待读者自由考索。"自家的小鸽儿，小鹰"是顺着母亲的口吻说的。把孩子叫作小动物,"小鸽儿,小鹰",乃至小猫、小狗,这当儿,母亲心里充满着欢喜;再加上"自家的"三个字,欢喜之处,更透露着骄傲。正如说"我的心肝""我家的宝贝"一样。有了这第二行,把修筑飞机场的工人的心情也烘托出来了。他们"爱护"飞机与母亲"爱护"孩子没有两样,他们几乎要把飞机叫作"自家的小鸽儿,小鹰"。这些意思没有在字句间写出来,可是吟诵起来自会感觉到。所以这里的比喻是个很好的比喻。——实际上,修筑飞机场的工人的心情不一定如上面所说,不过通过了作者的情感,他们的心情应该如上面所说;至少作者若是工人中间的一个的时候,他的心情一定如上面所说。

第二节说飞机在保卫上的必要,就是常见的标语"无空防即无国防"的意思。但"无空防即无国防"只是一句抽象的断语;这里却说得具体,又表达了意志。"空中来捣乱的"是敌人的飞机;"给他空中打回去",须用我们的飞机;为什么必须"给他空中打回去"?因为他们来捣乱会"降下来毒雾与毒雨"——"毒雾"指毒气,"毒雨"指炸弹与机枪弹,说"雾"与"雨"更传出他的厉害的势焰,——非"当心"不可。这都是具体的说法。而"空中保卫营"比较"空防",“单保住山河不够的,还要保天宇"比较"无空防即无国防",也具体得多。具体说法的好处,在使所说的可感觉,可指认,不仅是一个悬空的意思,因而给予读者的影响来得深切。如说"敌人的飞机",读者知道"敌人的飞机"罢了;现在说"空中来捣乱的",从"捣乱"这个词儿,谁不连带想起前几年来轰炸焚烧的仇恨?又如说"国防",意思比较悬空,与各人自身仿佛没甚干系的;现在点明"山河"与"天宇",大家放眼望去是美好的山河,抬起头来是可爱的天宇,自身就生息其间,自身的子孙也将繁衍在其间,又怎能不竭力保卫?以上是说这一节的具体说法给予读者大概有这样的影响。再试吟诵他的语句。"空中来捣乱的给他空中打回去",语气坚决崭绝。"保卫营,我们也要设空中保卫营",上面的"保卫营"是个省略语,意即"在地面我们设了许多的保卫营",或者是"说到保卫营",省略了,仍可于吟诵的当儿,从上下文的连贯上体会到这些意思,而调子却劲健了。下一语重复着"保卫营",加上"空中"两字,音节洪大而响亮,宛如听到激昂的口号。末一行说"不够",说"还要",简捷了当,毫无游移。以上是说这一节的语调音节,凑合起来,表达出建设空防的坚强意志。

第三节说飞机在联络上的必要。为什么需要联络?

因为目前我们的土地失去了联络。于是前两行说失去了联络的情形。"我们的前方有后方",指许多地方的"敌后";与敌人对垒的地点明明是前方,可是"敌后"还有咱们的政权,咱们的部队,是咱们的后方。"后方有前方",就是通常说的"现代战争是立体的"的意思;平静无事的后方,一会儿拉了警报,来了空袭,高射炮齐发,我机升空迎战,就成了血肉横飞的前方。这些意思,包蕴在一十三个字中间,仗着语式的相同,"前方""后方"的对称,叫人自能体会出来。接着吟诵"强盗把我们土地割成了东一方西一方"。不说"敌人"而说"强盗",是对于敌人更愤怒的指称,更严切的谴责;称他们为"敌人",还是平等看待,现在称他们为"强盗",简直是道德的败类,人类正义的蟊贼,侵略者不是正配受这样的称呼吗?念到"割成了东一方西一方",不由得引起了版图破碎的慨叹,以及今日无所谓前方后方的感觉。但是作者的意念并不向消极的慨叹的方面发展,你看他在第三行便来了积极的表达意志的语句,"我们正要把一块一块拼起来"。"一块一块拼起来"是"保持领土完整"的具体说法;从"拼"字见出苦心与毅力。第四行用梭子比喻飞机,使飞机的联络作用宛然可见,使空中无形的"联络网"像屋角的蛛网似的明显。

第四节还是说飞机在联络上的必要；但是从"联络网"结成之后对各地人的影响来说，与第三节不同。各地人因有了"联络网"，躯体虽然还在天涯地角，彼此的心却联系得更密切了，彼此的意志也结合得更一致了。前两行里的"儿女""兄妹""亲戚""朋友"，暗示一切人与人的关系；"北方""四川""江浙""黑龙江""云南"只是随便指说（"四川"与"云南"用在行末当然为押韵），但是点明了我国南北东西各地，暗示无地不有。散处在各地的许多人们仗着"联络网"；差不多近在对面了。这个抽象的意思，作者用最习常最具体的事儿表达出来——寄信。说寄信还嫌郑重，说"捎几个字去吧"，见得轻便容易，稀松平常。信中的话当然各式各样，但这里第四行提炼出各人书信的精华，表示出各人蕴蓄的意志。"你好吗"是寻常问候，但与下文"我好，大家好"连在一块，就不仅是寻常问候。"大家好"是说与我在一起的人都好，从此推想，料知你也与我们一样好；这"你好吗"虽是询问形式，实含有你必然也好的意味。所谓"好"，自然指身体安健，生活还过得下去；可是不限于此，意志的坚定与工作的努力，也包括在这个"好"字里。既然如此，彼此之间还有什么牵挂呢？彼此心头还有什么愁苦呢？"放心吧"一句虽只三个字，却透出了恳切安慰的情意，传出了郑重叮咛的口吻。末了来了个单字句："干！"简洁、干脆、力强，单字胜于多字。彼此号召，彼此勉励，各就本位，各尽本分，干抗战的工作，干"把一块一块拼起来"的工作，这些意思凝结而成这个"干"字。试想，凡是忠诚的中华儿女，给远方的人寄起信来，纵使千言万语，删繁提要，还不就是第四行这么一行？

飞机在保卫上，在联络上，有这样的必要，停息飞机的场子自属必要；修筑机场的工人的工作自属可贵可敬，又何况他们有慈母一般的心情。慈母为孩子准备一切，虽然心甘情愿，从他人的眼光看来，总不由得说一声"辛苦"。第五节作者从这样的眼光慰劳他们说，"所以你们辛苦了"，"所以"，等于说"由于上述的必要"。单说"辛苦"还嫌欠具体，又用终生劳动的昆虫来比拟他们，说他们"忙得像蚂蚁"，辛苦情况便宛然在目前！修筑飞机场的工作主要是翻动泥土，蚂蚁的劳动也大都是翻动泥土，有这一点相同，便不是漫然的比拟（若用蜜蜂来比拟，就差远了）；同时与末一行有了照顾，也可以说"你们翻动一铲土一铲泥"是由"忙得像蚂蚁"引出来的。每翻动一铲土一铲泥，其意义深广到说不尽，所以每一铲都该受感谢。感谢的主体是"凡是会抬起来向上看的眼睛"，谁不会抬起眼睛来向上看呢？所以就是所有的国人。为什么不说所有的国人而说"凡是会抬起来向上看的眼睛"？向上看是看天空，看天空为了切盼飞机完成保卫与联络的任务；这样说法比说所有的国人意义丰富得多，并且描写了所有的国人。

《上海——冒险家的乐园》序
爱狄密勒作　阿雪译

冒险的故事！这是全世界都喜欢听的。

真正的冒险，惊心动魄的冒险，在无人晓得的陆地中，在未经航行过的海洋上，在奇形怪状的人民间，在人类企图的新领域里，在日新月异的科学发明内，在探索人所未闻的天涯地角中。

伟大的征服者、伟大的发明家、伟大的创业者都是最优等的冒险家。

犹太人在摩西领导之下，摩西从埃及逃到巴勒斯丁是圣经时代之最伟大的冒险事业。

北美洲的发现是哥伦布一生中的最伟大的冒险事业。

斯登莱在非洲是一个什么都不怕的冒险家。

狄福笔下的《鲁滨逊漂流记》，斯蒂文生笔下的《金银岛》，都是不朽的冒险家故事。

马哥勃罗在中国，麦斯密伦在墨西哥，林白上校飞越大西洋，皮特少将远征北冰洋，皮卡教授上升同温层，都是真正的冒险家做的真正的冒险事业。

有胆量去应付新的形势，向不可预知的情境挑衅，冒不可预见的危险，走他人所未曾走过的路，成就他人所未曾成就过的事业：这一切，合在一起，造成真正的冒险。

知其不可为而为之是真正的冒险：诸葛亮的恢复汉室，文天祥的志延宋社。

人不知其可而独己知其可而独力以成之也是真正的冒险：哥白尼的创立地动说，马丁·路德的反对天主教。

在真正冒险中，一个人经验到许多平常所经验不到的快事。他得以测定其一己的勇气、毅力、意志与智慧。换句话说，他可以知道他自己。所以，事情在他人的眼光中为行险，为妄动；而在他自己的心中则为快举，为乐事。

冒险的本义向来是如此的：发明，引导，开辟新的道路，成就新的事业。其中有的是定见，是大无畏的精神，是忠于所事的心，是建设的努力，是抉发真理的希望,是福利众生的宏愿。

然而,现在却替冒险这一个概念增加了新的意义。现在的小说与现在的戏剧使冒险家套上了一个新的面具。

二十世纪的冒险家不向荒原绝域中去讨生活,也不在真理正道间找材料,而专在人海中施展他的绝技。他遥估他人钱囊的重量,布置巧妙的机关,让一颗颗好吃的果子落到他的怀里。"人瘠则我肥"是他的信条,他的宗教,他的全部人生哲学。

二十世纪的冒险家正站在冒险事业的相反的极端。他不创造而只是毁坏;不为社会努力而唯社会的利益是侵;不做人们的良友而做大众的公敌。

虚伪、欺诈、无赖、狂妄,总而言之,一切的鬼蜮都是他的法宝。他今天恭维你,只因为明天他可以乘你的不备在你背上刺一刀。他今天替你筹划许多似乎极有利的事业,只因为明天在你的失望中他可以得到极好的利益。

他的最大的目的是在不劳而享他人的劳动的结果。他人放进去,他拿出来;他人往上推,他向下拉。是好处都归他享受,而一切的损害则由他人去担当。

在二十世纪的冒险家眼光中,除了利益之外,什么都不值得顾惜。爱情、友谊、宗教、信义,一切好听的东西都是他的踏脚石。他踏着向前走去以装满他的肚皮与口袋。只要能获得利益,变猫狗都可以。

但是冤家总不免有对头。二十世纪的冒险家是法律的冤家;投桃自当报李,法律不客气的做了他的最凶恶的对头。法律伸出无情的铁爪,随时预备抓住他。所以他的唯一的要务就在设法跳出这一重法网。他厌恶那一条条的规程,憎恨那如狼如虎的警吏,畏惧那铁面无私的法庭。任何所在如有了这些人与物,他就迁地为良。

迁地固然为良,然而这良土又在什么地方?

这良土必须容纳得下吞舟之鲸,同时他更须有多量的好吃的果子可供大嚼。

这一个良土就是上海,冒险家的乐园。

上海,这华洋杂处的大都会,这政出多头的城市,这纸醉金迷的冶游场,这遍地黄金的好处所,不正是一个最好的冒险的地点么?

在上海更何况还有那可伸缩的领事裁判权,五颜六色的种族,争权夺利的组织,分歧杂出的误会;这一切再加上了上面的一切,将这世界的第五个大都会,氤氤氲氲,化成一团漆黑。

上海,你成了冒险家的乐园。

大家到上海去啊,那里的水浑,有鱼可摸。

来的有装着大幌子的商贾，披着黑外套的教士，雄冠佩剑的官佐。然而尽你们打扮得怎样庄严或阔绰，总遮不过你们这副猴儿相来。在这里，就将你们的善言善行照实录下。

二十世纪的冒险家本不以男人为限。可是这一本书却完全没有将那些善女人的懿言懿行收入，因为作者在这一方面还观察得未曾到家。这是应请原谅的。

这一回选的是《上海——冒险家的乐园》的序文。《上海——冒险家的乐园》是属于报告文学性质的一本书，暴露一班白种人中的无赖在上海的种种胡作非为。原作者署名爱狄密勒（当然是个假名），由阿雪先生译出（阿雪也是个假名），几年来行销颇广。为什么原作者和翻译者都得用假名，可以想见那些"冒险家"神通广大，俨然有触犯不得的气概。我国与友邦之间的不平等条约现在取消了，战事结束之后，上海由我国收回，再不容什么冒险家把它认作乐园了；但是就记载的材料跟写作的技术看，这本书还是值得读的。这篇序文是作者自己写的，当然也是阿雪先生的译笔。咱们不谈翻译的技巧如何，只就译文来研读。

请先把全篇通体读一遍，要好好地读，依照它声调的抑扬、节拍的缓急来读。这并不是什么难事，只要了解它的意义，辨明每句句子每个词儿的分量，自然会知道抑扬缓急。譬如"事情在他人的眼光中为行险，为妄动；而在他自己的心目中则为快举，为乐事"一句，对于这一节的前面三句来说，这一句是断案，声调应该扬一点，为加重断案的力量起见，节拍应该缓一点。从这一句来说，前半句是宾，后半句是主，前半句不过是这么说说而已，后半句才是作者着力说的，所以后半句又该比前半句扬一点，缓一点。又如"二十世纪的冒险家不向荒原绝域中去讨生活，也不在真理正道间找材料，而专在人海中施展他的绝技"一句，是承接前一节而来的。前一节是这篇文章的一个转捩点（以上说真正的冒险，从这一节起才说现代的冒险，就是另一意义的冒险），但是只开了个端，没有加说明；这一句紧接着给"二十世纪的冒险家"的性质来个说明，所以读起来声调应该扬一点，才能显出这一句的重要；节拍应该急一点，才能显出这一句和前一节的关系的紧凑。

好好地读过一遍之后，该会觉得这篇文字气势很旺盛，力量很充沛，跟平平静静的说理文字不同。又会觉得这篇文字透露出作者的一腔情感，也可以说他愤愤不平，也可以说他悲天悯人。关于后一点，自然由于作者的生活经验以及他的正义感；正义感遇到不正义的形形色色，就愤愤起来，悲悯起来。至于咱们怎么会觉得文字中蕴蓄着气势和力量，透露出情感，这些效果从何而来，正是咱们所要探求的。

　　作者说明真正的冒险用了三分之一以上的篇幅。先说真正的冒险进行的境域在哪儿，在哪儿，连用一串排语。次说真正的冒险家是怎么样的，连举一些实例，却不用"例如"的说法，而用"是"字句作判断的形式，这就增强了语势。说实例的话在大体上看也是排语，而又逐节变化，不取形式上的绝对一致。次又提出"知其不可为而为之"跟"人不知其可而独己知其可而独力以成之"两层，点明真正的冒险的精神；也举实例，却连"是"字句都不用了，更见得健劲。次说真正的冒险家何以能有这种精神，为的是他认为真正的冒险是快举，是乐事。末了才归结到冒险的本义，说明其中所包含的种种，又是一串"是"字的排语。如果作者取了讲义似的方式，何为真正的冒险啊，何为真正的冒险家啊，——加以注疏和解释，又"例如"啊，"好像"啊，附带举些实例；那读者大概只能理解他的意义，不会感到他话里的气势与力量。可是作者不然，他单刀直入，将论断代替注疏解释，一个紧一个地提出来；将实例包在论断之中，一个接一个地给人强烈的印象；又多用排语，使人有滔滔滚滚之感：于是咱们读下去，就觉得他的话气势旺盛，力量充沛了。

再说，作者说明真正的冒险，为什么不用平平静静的说法？这可以这样回答：因为他对于真正的冒险不但明白其意义，并且强烈地推崇；推崇之情是内容，决定了文字的形式。就全篇看，这三分之一以上的篇幅的背后仿佛隐藏着一句话："我推崇这样的冒险。"反过来，自然见得对于下文所说的"二十世纪的冒险家"，他是怎样的鄙薄，怎样的愤愤，怎样的为受他们欺凌的人抱同情。试看，如"'人瘠则我肥'是他的信条，他的宗教，他的全部人生哲学"；如"他不创造而只是毁坏；不为社会努力而唯社会的利益是侵；不做人们的良友而做大众的公敌"；如："上海，这华洋杂处的大都会，这政出多头的城市，这纸醉金迷的冶游场，这遍地黄金的好处所，不正是一个最好的冒险的地点吗？"如"大家到上海去啊，那里的水浑，有鱼可摸"；都是气势很盛力量很足的话。在这气势和力量之中，激动的情感也就透露出来。单说"'人瘠则我肥'是他的信条"，也未尝不可；可是加说"他的宗教，他的全部人生哲学"，意义越来越沉重，更传出深恶痛绝的心情。"那里的水浑，有鱼可摸"，戛然而止，语句简单而凝重，把那些冒险家的心事揭露出来；而在这揭露的背后，就是一颗不惮口诛笔伐的正义的心。此外不再多说，留给读者自己去体会。

就译文看，这不能算是纯粹的口语，因为其中很有一些文言的字眼儿跟文言的句式。单看一个字，咱们没法断定它是文言的还是口语的字眼儿，得就整个句子看。譬如"为"字，在"你以为怎么样"一类话里是惯用的，明明是口语的字眼；可是在"事情在他人的眼光中为行险，为妄动；而在他自己的心中则为快举，为乐事"这句话里，四个"为"字却是文言的字眼儿，在这些地方，文言惯用"为"字，口语就用"是"字。（注意这句话里的"则"字，是不是口语的字眼儿？）读者读过全篇之后，不妨把那些用在口语里不惯的字眼儿摘出来，给换上口语的字眼儿。

又如"他遥估他人钱囊的重量"这句话，如果说"估计"，说"估量"，都是口语；现在在"估"字上加个副词"遥"字，说成"遥估"，跟"遥望""遥念"同例，这个"遥"字明明是文言的字眼儿。文言的字眼儿掺杂在语体文里，往往要看了才明白说的什么，念给人家听人家就糊涂；试把"他遥估他人钱囊的重量"念给人家听，人家一定会问："什么叫遥估？"语体明白，并且在声情意态之间更多领会；不然的话，咱们写文言就是了，何必要什么语体文？

文言的句式用在语体文里，比文言的字眼儿更不适宜。说到句式，口语跟文言一致的原来很多；可是有些句式,即使通文的人平常说话也绝对不用,只有作文的时候才用,那就是文言的句式,如果掺杂在语体文里,就只能看不能听,听起来会莫名其妙。索性听念文言,预先做了文言的准备,还可以大体明白;唯有语体文里掺杂些文言的句式,大部分是口语,中间几句却不像个话,尤其叫人迷惘。试听"人不知其可而独己知其可而独力以成之也是真正的冒险"这句话,你一下子能明白吗?想了一想才知道这儿来了文言的句式,改用文言的习惯去了解它,你才明白。你总觉得这样的句式在这儿出现有些别扭,引起你一种不快之感。这就可见掺杂文言的句式是要不得了。

又如"不为社会努力而唯社会的利益是侵""唯×是×"也是文言的句式。人家不先做文言的准备,看到这儿一定稍稍发愣;如果听人念,"唯"字、"是"字、"侵"字到底是哪几个字,一定辨不真切。这不能比照"唯利是图"跟"唯余马首是瞻","唯利是图"跟"唯余马首是瞻"是成语,咱们说话常常用成语,这两句自然可以写在语体文里。"唯社会的利益是侵"是生铸语,咱们绝不说"唯咱们的国家是爱""唯你我的交情是纪念",也不说"唯社会的利益是侵",这些都有另外的说法,写语体文就得依照另外的说法。读者读过全篇之后,试看除前面所说的以外,还有运用文言句式的句子没有。如其有，不妨逐句想想，口语应该怎么说。

这篇译文，如果改成纯粹的口语，自然更为完美。读者有兴趣，不妨把它通体改一下。

苦恼

契诃夫作　胡适译

黄昏的时候，大块的湿雪在街灯的四周懒懒地打旋；屋顶上、马背上、肩上、帽上，也盖着薄层的湿雪。赶雪车的马夫郁那卜太伯浑身都是白的，像个鬼一样。他坐在车厢上，动也不动，身子尽量弯向前；很像就是有绝大的雪块压在他身上，大概他也未必肯动手抖去。

他的那匹小雌马也全白了，也不动一动。她的寂静，她的瘦骨的巉棱，她的腿的挺直，看上去她竟像五分钱一匹的糖马。也许她是想出了神哩。好好地从那灰色的田间风景里被拉到这种闹哄哄的地方，卸下犁耙来到这奇怪灯光底下拖雪车，谁到了这步田地也不能不想出了神的。

郁那同他的小马停在这里好久了。他们是饭前出来的，到这时候还不曾做到一趟生意。夜色已渐渐罩下来了。路灯的淡光渐渐亮起来了；街上渐渐热闹起来了。

郁那忽听见有人喊道："雪车！到维波斯伽！雪车！"

郁那惊起回头，从那雪糊着的眼睫毛缝里看见一个军官，穿着陆军大氅，披着风帽。

那军官喊道："到维波斯伽！你睡着了吗？到维波斯伽！"

郁那把缰绳一拉，表示答应：大块的雪糕从马的肩膀背脊上飞下，那军官坐上了雪车。郁那喊着口号，伸长了头颈，站了起来，挥着鞭子。那雌马也伸长了头颈，屈起她的挺直的腿，缓缓地向前走。……

"你这浑虫！往哪儿撞？"郁那听见前面颠来颠去的一大堆黑块里有人喊着："你撞什么？靠右——右边走！"

一部轿车的马夫向他咒骂；路旁一个走道的正从雪车的马前走过，肩膀擦着马鼻子，他怒气冲冲地瞪了郁那一眼，抖去了袖子上的雪。郁那在车厢上坐立不安，好像坐在棘针上一样；摇着两手，眼睛滚来滚去，像中魔的人，不知道他身子在何处，也不知道他为什么在这里。

那军官带笑说道:"这班促狭鬼!他们偏要撞到你前面,或跌倒在马脚下。他们一定是故意的。"

郁那对那军官一望,嘴唇微动。……他明是想要说什么话,但没有说出来,只吸了一口气。

那军官问道:"什么?"

郁那歪着嘴微笑,直着喉咙,枯燥地说道:"我的儿子……兀……我的儿子这个星期里死了,先生。"

"哼!害什么病死的?"

郁那把全身转过来朝着他的顾客,说道:"谁知道呢?一定是热病。……他在医院里住了三天,就死了。……上帝的意旨。"

"转过身去,你这浑虫!"黑暗里有人喊着,"你这老狗,昏了头吗?你瞧,你往哪儿撞!"

那军官也说:"赶上去!赶上去!你这样走,我们明天也到不了。快点。"

郁那只好把头颈又一伸,站了起来,摇着鞭子。他几次回头望那客人,只见他闭着眼睛,明明是不爱听他诉苦。

到了维波斯伽,放下了客人,郁那停在一家饭馆旁边,仍旧蜷着身子,坐在车厢上。……那湿的雪仍旧把他和他的马都涂白了。

一点钟过了,又过一点钟。……

三个少年人,两个高而瘦的,一个矮而驼背的,一同走过来,嘴里彼此嘲骂,脚下的靴子蹬得怪响。

"车儿,到警察厅桥!"那驼背的用沙喉咙喊着,"三个人,二十个戈比。"

郁那把缰绳一抖。二十个戈比太少了,但这却不在他心上,无论是一个卢布,是五个戈比,他都不计较,只要有生意就好。……那三个嘴里叽里咕噜骂着,一拥上车,抢着要坐下。车上只有两个人的座位,叫谁站呢?吵骂了一会,他们才决定叫那驼子站着,因为他生得最矮。

那驼子站在郁那背后,呼气直呼在郁那的颈子里。他鼓起他的沙喉咙喊道:"走吧!快走!……咦,你戴的一顶什么帽子!京城里找不出比你更破的了。……"

郁那笑道:"嘻——嘻!……嘻——嘻!不值得夸口!"

"算了,不值得夸口,快点去吧!……你只会这样慢慢的踱吗?嗳?你要我在你脖子上亲你一下吗?"

那两个高的之中,一个开口道:"我们头疼。昨儿在德马索那边我和法斯加两人喝了四瓶白兰地。"

那边那个高个的狠狠地说道:"我不懂你为什么说这种话。你说谎同畜生一个样。"

"打死我,这是真话。……"

"真话！差不多同说虱子会咳嗽一样。"

郁那笑道："嘻——嘻！高——高——兴的先生们！"

"吐！鬼提了你！"那驼子怒喊着，"你这老瘟鬼，你走不走？这算是赶车吗？还不鞭打她一下！浑虫！重重打她一下！"郁那觉得背后那驼子的破沙喉咙和那颠来颠去的身子。他听见骂他的话，他看见来来去去的人，他觉得心里寂寞的味儿反渐渐减轻了一点。那驼子骂他，咒他，直到后来一大串的咒骂把自己的喉咙呛住了，嗽个不住。那两个高的少年在互谈着一个女人叫做什么纳底希达的。郁那时时回头看他们。等他们说话稍停顿的时候，郁那回过头来，说道："这星期里……兀……我的……兀……儿子死了！"

那驼子咳嗽完了，把嘴唇一抹，叹口气道："咱们都要死的。……快点赶！快点赶！朋友们，这样的爬，我可忍不住！什么时候才能到呀？"

"也罢，你鼓励鼓励他吧。脖子上给他一拳。"

"听见了没有，老瘟鬼？我要叫你喊痛。我们要同你这样的人客气，我们只好下来跑路吧。老鳖儿，听见了没有？你难道不管我们说什么吗？"

郁那听见了，——可没有觉着脖子上的一拳。他笑着："嘻！嘻！……高兴的先生们。上帝给你健康！"

一个高的问道:"车夫,你有老婆吗?"

"我?嘻——嘻!……高兴的先生们,我现在的老婆只是这个潮湿的地面了。……呵——呵——呵!只是那坟墓了,……我的儿子死了,我还活着。……稀奇的事,死错了人。……死鬼不来找我,倒找着我的儿子。……"

郁那转过身来,想告诉他们他的儿子怎样病死,但正当这时候,那驼子叹口气说:"谢天谢地,我们到了。"

郁那接了那二十个戈比,瞪着眼看着那三个少年走向黑暗里去。他仍旧是孤单单地一个人,仍旧无处开口。……刚才暂时减轻了的苦痛,于今又回来了,并且格外刺心,格外难过。郁那眼巴巴地望着大街两旁来来去去的行人,这边望望,那边望望;这成千成百的人当中,他哪里去找一个人来听他诉说他的苦恼呢?

一群一群的人走过来,走过去,没有人睬他的苦恼。……他的苦恼是大极了,无穷无尽的。好像他的心若爆开了,他的苦恼流了出来,定可以淹没这个世界。可是总没有人看得见。他的苦恼不幸被装在这样一只微细的壳子里,就是白天打了灯笼去寻,谁也看不见。……

一会儿,郁那瞧见里边走出一个看门的,带着一个包裹；他打定主意要和他攀谈。他问道："朋友，什么时候了？"

"快十点钟了。……你为什么停在这儿？赶开去！"

郁那把雪车赶开了几步，蜷起身子，仍旧去想他的苦痛。他想，对别人说是没有用的了。但是不到五分钟，他又伸起头来了，把头一摇，像是感觉疼痛似的。他拉起缰绳来。……他忍不下去了。

"回去吧，回到车厂去吧！"

那匹小雌马，好像她懂得主人的意思，快跑起来了。一点半钟之后，郁那已在一个很脏的大炉子边坐下了。炉子上边，板凳上，都有人睡着打呼。屋子里空气闷的很，有种种臭味。郁那看着那些睡着的人，抓抓自己的头，颇怪自己回来这样早。……

"我今天挣的钱还不够买马吃的雀麦呢。……怪不得我要这样苦。……一个人要是会做活儿，要是有的吃饱，要是他的马也有的吃饱，就不会慌了。……"

屋子的那边，一个马夫坐了起来，睡眼模糊地咳一声嗽，伸手去摸水桶。

郁那问道："要喝一口吗？"

"好像是的。"

"盼望你喝口水会见好一点。……可是我的儿子死了。……你听见吗？这星期里，死在医院。……不幸的事。……"

郁那看看这几句话会发生什么影响,但他看不出什么。那个马夫喝了水,蒙着头,早又睡了。郁那叹口气,抓自己的头。……那马夫害渴要喝水,郁那害渴要说话。他的儿子死了快一星期了,他还不曾真正同谁谈过。……他想正正经经地谈一回,细细地谈一回。……他想诉说他的儿子怎样得病,怎样痛苦,临死之前怎样说话,死的时候什么样子。……他想诉说他的儿子死后的丧葬,他自己怎样到医院去讨回他儿子的衣服。他还有一个女儿阿二在乡下。……他也想谈谈阿二的事。……是的,他要说的话多着呢。听他的人应该叹气,应该感动叫喊,应该恸哭。……最好是对妇女们谈谈。妇女们虽是蠢东西,他一开口,她们就要哭了。

郁那想:"让我去看看我的小马。睡觉还早呢。……"

他穿上外衣,走到马房里。他想着马吃雀麦和草料,想着外面的天气。……他在没有人的地方是不能想着他的儿子的。他可以对人说他的儿子,但是空想着他,想象他的样子,那是受不住的痛苦。……

郁那在暗地里忽然瞧见那雌马的发亮的眼睛,他就问道:"你在嚼草吗?你嚼吧,嚼吧,……我们挣的钱不够买雀麦，只好吃草了。……是的，……我老了，赶不了车了。……我的儿子应该赶车，我不行了。……他才是个马夫呢。……他应该活着。"

郁那沉默了一会，又接着诉说："是这么一回事，老太婆（指雌马）……库司麻（他的儿子之名）死了。……他同我告别了。……他无缘无故地死了。……倘使你有一匹小马，你是他的亲生娘。忽然你的小马儿去了，死了。……你不伤心吗？……"

那小雌马嚼着草，听他诉说，她嘴里的热气呼到郁那的手上。郁那忍不住了，就把他的悲哀全告诉她了。

这回选一篇小说来读，是俄国契诃夫原著、胡适翻译的，收在亚东图书馆出版的《短篇小说》第二集里。

译文看起来很顺当，但是有文言的调子，如"惊起回头""嘴唇微动"这种句子，如"但是"只用"但"，"忽然"只用"忽"，如"什么地方"用"何处"，"假如"用"若"。用文言调子的地方念起来就觉得不上口。在"五四"那个时期，这样的文字已经是相当地道的白话文。咱们现在看来，这篇文字许多地方只够得上"写的白话文"，还不是"念的白话文"。这是因为咱们现在对文字的要求比"五四"那个时期更进了一步。

把全文通读一遍过后,咱们知道:这篇小说写一个老马夫,一心想跟人家谈谈他的才死不久的儿子,消除些心里的哀伤。可是没有人愿意听他的,结果他只有把满腹的心事告诉了他的小雌马。这个故事挺简单。现在,咱们问问自己在这么一个简单的故事里,作者写出了些什么?作者怎么把这样一个简单的故事写得生动的?前面一个问题关涉到这篇小说的内容,后面一个是研究这篇小说的技巧。

作者在这篇小说里写的是老马夫郁那的苦恼。他写出了这是怎样的一种苦恼,写出了这苦恼是怎么来的。遭着了不幸,不求别的,只要有个人肯听自己说说自己这个不幸,这是顶起码顶可怜的愿望,郁那苦苦追寻的也就只是这么一个顶起码顶可怜的愿望。

郁那的不幸是大极了,他死了儿子,失掉了互相依靠的人,失掉了应该继承他赶车的人,他觉得寂寞、孤独,"不知道自己是在什么地方"的茫茫然。但是他儿子死是"上帝的意旨",他只急切地想跟人家谈谈,他受不住自己一个人默默地想着这个不幸。几次三番没有人听他的,他苦恼透了。寂寞、孤独,"不知道自己是在什么地方"的茫茫然怎么也消除不了。

郁那的苦恼是为了儿子死,更为了没有人听他诉说儿子的死。这个更大的苦恼是外界给他的,作者详尽地写了这个外界。作者选了四种人来作代表:一个军官,一群醉汉,一个给有钱人看门的,一个跟郁那一样的马夫。这四种人各有各的处境,各人给郁那各种不同的冷淡。军官和醉汉是雇主,他们跟郁那简直不是一路人,军官完全不屑听郁那的诉苦,醉汉突如其来地问郁那有没有老婆,完全为了使自己高兴高兴。看门的,郁那敢于称他作"朋友"了,可是他给有钱人当惯了佣仆,忘了对一路的人表同情,也许他简直忘了他跟郁那是一路人。至于那个马夫,是辛苦得没有气力再听郁那的话了,没有气力来同情郁那了。

这篇的笔调叫人感到沉重,因为这个故事原是沉重的,作者写的时候的心情也是沉重的。在能烘托出郁那的苦恼的地方,作者都细细地描写。他细细地写大块大块的雪掉下来,掉在屋顶上、马背上、肩上、帽上;细细地写郁那拉拉缰绳,雪从他肩头掉下来,他喊着,站起来,伸长了头颈,他的雌马也伸长了头颈;细细地写郁那撞着了一个走道的,那走道的气冲冲地瞪郁那一眼,抖去袖子上的雪。咱们读着这些,觉得一副副苦恼的情态在堆积起来。有的地方作者不只白描一些情态,他还写到藏在情态里的意思，叫我们跟着想进了一层。如末了一节，说小雌马嘴里的热气呼到郁那的手上，使郁那忍不住了。为什么忍不住了？这就很够咱们想的了。

重印后记

《文章例话》本来是开明书店编印的《开明少年丛书》的一种,一九三七年二月初版,到一九四九年,曾经再版十次左右,总印数在三万四万之间。在抗日战争以后的版本中,曾经抽出《小河》,改选《给建筑飞机场的工人》,现在恢复原样,把《给建筑飞机场的工人》作为附录。既然有了附录,又在附录中加选谈翻译文章的两篇,都是从解放前文光书店出版的《国文杂志》中找到的。

读者读了这二十几篇"例话",一定会注意到两点。一点是用来作例子的文章全是现代文,原来从现代文中也可以悟出阅读和写作的许多道理,也可以学到阅读和写作的许多方法的。另一点是"例话"阅读和写作并重,并不把阅读仅仅看作学习写作的途径和方法;在讲文学作品的时候,这种态度尤其鲜明,主要讲如何理解,如何体会,如何从中学习一般的写作方法,而不谈什么文艺创作。

在重印之前，我父亲把这本书的序作了仔细的修改。他对这本书总觉得不满意，原因有种种，其中之一就是他现在对语文教育的某些想法跟四十年前不尽相同了。这是不可避免的，他希望读者读这本书的时候能注意到这一点。

叶至善
一九八三年一月十八日